玄空風水暦
その使い方と開運法

令和六年 2024年版

玄空學風水研究所

太玄社

2024年1月～12月　七曜表

1月

日	月	火	水	木	金	土
	1	2	3	4	5	6
7	8	9	10	11	12	13
14	15	16	17	18	19	20
21	22	23	24	25	26	27
28	29	30	31			

2月

日	月	火	水	木	金	土
				1	2	3
4	5	6	7	8	9	10
11	12	13	14	15	16	17
18	19	20	21	22	23	24
25	26	27	28	29		

3月

日	月	火	水	木	金	土
					1	2
3	4	5	6	7	8	9
10	11	12	13	14	15	16
17	18	19	20	21	22	23
24/31	25	26	27	28	29	30

4月

日	月	火	水	木	金	土
	1	2	3	4	5	6
7	8	9	10	11	12	13
14	15	16	17	18	19	20
21	22	23	24	25	26	27
28	29	30				

5月

日	月	火	水	木	金	土
			1	2	3	4
5	6	7	8	9	10	11
12	13	14	15	16	17	18
19	20	21	22	23	24	25
26	27	28	29	30	31	

6月

日	月	火	水	木	金	土
						1
2	3	4	5	6	7	8
9	10	11	12	13	14	15
16	17	18	19	20	21	22
23/30	24	25	26	27	28	29

7月

日	月	火	水	木	金	土
	1	2	3	4	5	6
7	8	9	10	11	12	13
14	15	16	17	18	19	20
21	22	23	24	25	26	27
28	29	30	31			

8月

日	月	火	水	木	金	土
				1	2	3
4	5	6	7	8	9	10
11	12	13	14	15	16	17
18	19	20	21	22	23	24
25	26	27	28	29	30	31

9月

日	月	火	水	木	金	土
1	2	3	4	5	6	7
8	9	10	11	12	13	14
15	16	17	18	19	20	21
22	23	24	25	26	27	28
29	30					

10月

日	月	火	水	木	金	土
		1	2	3	4	5
6	7	8	9	10	11	12
13	14	15	16	17	18	19
20	21	22	23	24	25	26
27	28	29	30	31		

11月

日	月	火	水	木	金	土
					1	2
3	4	5	6	7	8	9
10	11	12	13	14	15	16
17	18	19	20	21	22	23
24	25	26	27	28	29	30

12月

日	月	火	水	木	金	土
1	2	3	4	5	6	7
8	9	10	11	12	13	14
15	16	17	18	19	20	21
22	23	24	25	26	27	28
29	30	31				

はじめに

暦というものは古代より、太陽や月の動きを目安に、一年の季節の変化や台風が多い時期、雨が降りやすい時期、乾燥しやすい時期などを知るため、多くの人に必要不可欠な物でした。

古代には、どの時期にどのような実が収穫できるか、どの時期に雪が降るのでそのための準備に食料を確保しておくか、この時期には水が少なくなるかなど、一年の気候変動が命に直結していました。

スコットランドのアバディーンという所で発見された太陰暦（月の動きで季節を知る暦）が、紀元前八千年の物だという発表がありましたが、そこには目印として冬至と夏至の日の出に関連した重要な地形ポイントが整列していたと書かれています。この論文が正式になれば、今から一万年前にすでに基本的な暦の活用がなされていたことになります。

このような古代から、現在まで、基本的には太陽の動きと月の動きを基本とした多くの暦が開発され続けてきました。

それがいつしか、この時期に物事をすると悪いことが起こり、この時期に物事をすると良いという概念が盛り込まれました。これは、方位ではなく時期の問題となります。それに加えて、この時期にこの方位で物事をすると良いとか悪いとかという、「方位」という概念が加えられました。

現在でも基本的に、時期と方位で吉凶を算出するのは古代の概念と変わっていません。暦で日を取るということは必ず、いつ（季節や時間）という「時間的要素」と、方位という「空間的要素」を組み合わせて算出します。

この概念は風水にも通じ、時間的要素は、三元九運という百八十年で一回りするもので、二十年ごとに運が九回変わり、六十年ごとに上元・中元・下元で百八十年という時間が一回りという単位があり、その単位で続いていきます。

現在風水でいっている下元八運とは、あくまでも百八十年単位の二十年ごとの運をいっているのであり、百八十年ごとに同じような事象が起こるかといえば、そのようなことはないと言い切れますが、百八十年ごとに似たような運気になるのは確かです。人の寿命から見れば、十分な時間の単位といえるでしょう。

また、中国・北宋時代の理（道）学者、邵康節《しょうこうせつ》（一〇一一年－一〇七七年）の書いた『皇極經世書』では、一刻（二時間）から日（十二刻）、月（三十日）、年（十二カ月）、世（三十年）、運（十二世＝三百六十年）、会（三十運＝一万八百年）、元（十二会＝十二万九千六百年）などという膨大な時間の概念を理路整然と考えられていますが、ここまで長く時間を考えなくとも、時間的要素は、風水において中核をなすものになっています。

もう一つの概念である方位は、当然、風水の核となるもので、四五度単位での八方位から、三八四方位の０・９３７５度などの細かい方位まで駆使して風水は成り立っていますので、方位という概念はとても大切な事になります。

そこで、風水は、方位の概念を基本にしながら、季節や運の変化も考慮に入れて、どのように方位(空間)と時間を合わせて、良い運気を引き込むかが大切な要素になります。

その中で「暦」とは、時間的要素の善し悪しを決めるためにとても大切になってきますし、どのような方位に向かって事を起こすことができるのかという空間的要素も同時に知ることもできる、必要不可欠な物となっています。


この『玄空風水暦』は、時間的要素はもちろんのこと、方位的要素の吉凶神殺や、家や墓の向き、さらに生まれた人に合っているか否かも含めて、空間と時間と命を交差させた方法も算出できるような方法論も載せてありますので、多岐に活用していただけると思っております。

吉凶日を算出するためには、空間と時間の概念が大切だということを書きました。

例えば、烏兎《うと》とは太陽と月のことで、太陽と月で吉凶日と吉凶時間を算出して暦に書いてありますが、これは、その日時が良いか悪いかという「時間的概念」しか入っていません。これだけで事を行えば、空間的要素(方位)が抜けてしまいますので、日を出した時は、どの方位に関係するかを見なくてはなりません。

例えば、その方位を日家八門の吉方位で取れば、八方位という方位の吉凶の概念が入って来て、時間と空間が融合することができます。そして他の凶神方位を避けたり、この日には行っていけないという時間的要素を加えて、この方位ならば、いつできるかをよく見て決めれば、良い日を取ることができます。

みなさまのより良い人生のお役に立てれば幸いです。

玄空學風水研究所　　坂内　瑞祥

令和6年西暦2024年 甲辰歳 年齢早見表 [今年の誕生日を迎えて満年齢となります]

三碧木星	四緑木星	五黄土星	六白金星	七赤金星	八白土星	九紫火星	一白水星	二黒土星
男女共 震命	男＝巽命 女＝坤命	男＝坤命 女＝坎命	男＝乾命 女＝離命	男＝兌命 女＝艮命	男＝艮命 女＝兌命	男＝離命 女＝乾命	男＝坎命 女＝艮命	男＝坤命 女＝巽命
大正 14 年生 1925 年 満 99 歳 海中金 乙丑	大正 13 年生 1924 年 満 100 歳 海中金 甲子	大正 12 年生 1923 年 満 101 歳 大海水 癸亥	大正 11 年生 1922 年 満 102 歳 大海水 壬戌	大正 10 年生 1921 年 満 103 歳 柘榴木 辛酉	大正 9 年生 1920 年 満 104 歳 柘榴木 庚申	大正 8 年生 1919 年 満 105 歳 天上火 己未	大正 7 年生 1918 年 満 106 歳 天上火 戊午	大正 6 年生 1917 年 満 107 歳 砂中土 丁巳
昭和 9 年生 1934 年 満 90 歳 山頭火 甲戌	昭和 8 年生 1933 年 満 91 歳 剣鋒金 癸酉	昭和 7 年生 1932 年 満 92 歳 剣鋒金 壬申	昭和 6 年生 1931 年 満 93 歳 路傍土 辛未	昭和 5 年生 1930 年 満 94 歳 路傍土 庚午	昭和 4 年生 1929 年 満 95 歳 大林木 己巳	昭和 3 年生 1928 年 満 96 歳 大林木 戊辰	昭和 2 年生 1927 年 満 97 歳 爐中火 丁卯	昭和元年生 （大正 15 年） 1926 年 満 98 歳 爐中火 丙寅
昭和 18 年生 1943 年 満 81 歳 楊柳木 癸未	昭和 17 年生 1942 年 満 82 歳 楊柳木 壬午	昭和 16 年生 1941 年 満 83 歳 白鑞金 辛巳	昭和 15 年生 1940 年 満 84 歳 白鑞金 庚辰	昭和 14 年生 1939 年 満 85 歳 城頭土 己卯	昭和 13 年生 1938 年 満 86 歳 城頭土 戊寅	昭和 12 年生 1937 年 満 87 歳 澗下水 丁丑	昭和 11 年生 1936 年 満 88 歳 澗下水 丙子	昭和 10 年生 1935 年 満 89 歳 山頭火 乙亥
昭和 27 年生 1952 年 満 72 歳 長流水 壬辰	昭和 26 年生 1951 年 満 73 歳 松柏木 辛卯	昭和 25 年生 1950 年 満 74 歳 松柏木 庚寅	昭和 24 年生 1949 年 満 75 歳 霹靂火 己丑	昭和 23 年生 1948 年 満 76 歳 霹靂火 戊子	昭和 22 年生 1947 年 満 77 歳 屋上土 丁亥	昭和 21 年生 1946 年 満 78 歳 屋上土 丙戌	昭和 20 年生 1945 年 満 79 歳 井泉水 乙酉	昭和 19 年生 1944 年 満 80 歳 井泉水 甲申
昭和 36 年生 1961 年 満 63 歳 壁上土 辛丑	昭和 35 年生 1960 年 満 64 歳 壁上土 庚子	昭和 34 年生 1959 年 満 65 歳 平地木 己亥	昭和 33 年生 1958 年 満 66 歳 平地木 戊戌	昭和 32 年生 1957 年 満 67 歳 山下火 丁酉	昭和 31 年生 1956 年 満 68 歳 山下火 丙申	昭和 30 年生 1955 年 満 69 歳 沙中金 乙未	昭和 29 年生 1954 年 満 70 歳 沙中金 甲午	昭和 28 年生 1953 年 満 71 歳 長流水 癸巳
昭和 45 年生 1970 年 満 54 歳 釵釧金 庚戌	昭和 44 年生 1969 年 満 55 歳 大駅土 己酉	昭和 43 年生 1968 年 満 56 歳 大駅土 戊申	昭和 42 年生 1967 年 満 57 歳 天河水 丁未	昭和 41 年生 1966 年 満 58 歳 天河水 丙午	昭和 40 年生 1965 年 満 59 歳 覆燈火 乙巳	昭和 39 年生 1964 年 満 60 歳 覆燈火 甲辰	昭和 38 年生 1963 年 満 61 歳 金箔金 癸卯	昭和 37 年生 1962 年 満 62 歳 金箔金 壬寅
昭和 54 年生 1979 年 満 45 歳 天上火 己未	昭和 53 年生 1978 年 満 46 歳 天上火 戊午	昭和 52 年生 1977 年 満 47 歳 砂中土 丁巳	昭和 51 年生 1976 年 満 48 歳 砂中土 丙辰	昭和 50 年生 1975 年 満 49 歳 大溪水 乙卯	昭和 49 年生 1974 年 満 50 歳 大溪水 甲寅	昭和 48 年生 1973 年 満 51 歳 桑柘木 癸丑	昭和 47 年生 1972 年 満 52 歳 桑柘木 壬子	昭和 46 年生 1971 年 満 53 歳 釵釧金 辛亥
昭和 63 年生 1988 年 満 36 歳 大林木 戊辰	昭和 62 年生 1987 年 満 37 歳 爐中火 丁卯	昭和 61 年生 1986 年 満 38 歳 爐中火 丙寅	昭和 60 年生 1985 年 満 39 歳 海中金 乙丑	昭和 59 年生 1984 年 満 40 歳 海中金 甲子	昭和 58 年生 1983 年 満 41 歳 大海水 癸亥	昭和 57 年生 1982 年 満 42 歳 大海水 壬戌	昭和 56 年生 1981 年 満 43 歳 柘榴木 辛酉	昭和 55 年生 1980 年 満 44 歳 柘榴木 庚申
平成 9 年生 1997 年 満 27 歳 澗下水 丁丑	平成 8 年生 1996 年 満 28 歳 澗下水 丙子	平成 7 年生 1995 年 満 29 歳 山頭火 乙亥	平成 6 年生 1994 年 満 30 歳 山頭火 甲戌	平成 5 年生 1993 年 満 31 歳 剣鋒金 癸酉	平成 4 年生 1992 年 満 32 歳 剣鋒金 壬申	平成 3 年生 1991 年 満 33 歳 路傍土 辛未	平成 2 年生 1990 年 満 34 歳 路傍土 庚午	平成元年生 （昭和 64 年） 1989 年 満 35 歳 大林木 己巳
平成 18 年生 2006 年 満 18 歳 屋上土 丙戌	平成 17 年生 2005 年 満 19 歳 井泉水 乙酉	平成 16 年生 2004 年 満 20 歳 井泉水 甲申	平成 15 年生 2003 年 満 21 歳 楊柳木 癸未	平成 14 年生 2002 年 満 22 歳 楊柳木 壬午	平成 13 年生 2001 年 満 23 歳 白鑞金 辛巳	平成 12 年生 2000 年 満 24 歳 白鑞金 庚辰	平成 11 年生 1999 年 満 25 歳 城頭土 己卯	平成 10 年生 1998 年 満 26 歳 城頭土 戊寅
平成 27 年生 2015 年 満 9 歳 沙中金 乙未	平成 26 年生 2014 年 満 10 歳 沙中金 甲午	平成 25 年生 2013 年 満 11 歳 長流水 癸巳	平成 24 年生 2012 年 満 12 歳 長流水 壬辰	平成 23 年生 2011 年 満 13 歳 松柏木 辛卯	平成 22 年生 2010 年 満 14 歳 松柏木 庚寅	平成 21 年生 2009 年 満 15 歳 霹靂火 己丑	平成 20 年生 2008 年 満 16 歳 霹靂火 戊子	平成 19 年生 2007 年 満 17 歳 屋上土 丁亥
令和 6 年生 2024 年 満 0 歳 覆燈火 甲辰	令和 5 年生 2023 年 満 1 歳 金箔金 癸卯	令和 4 年生 2022 年 満 2 歳 金箔金 壬寅	令和 3 年生 2021 年 満 3 歳 壁上土 辛丑	令和 2 年生 2020 年 満 4 歳 壁上土 庚子	令和元年生 （平成 31 年） 2019 年 満 5 歳 平地木 己亥	平成 30 年生 2018 年 満 6 歳 平地木 戊戌	平成 29 年生 2017 年 満 7 歳 山下火 丁酉	平成 28 年生 2016 年 満 8 歳 山下火 丙申

目次

第一部

風水暦の見方

第一章

玄空風水暦の使い方

五五頁からの「玄空風水暦」の使い方をご紹介します。次の頁に、暦の項目を抜粋し、月などは引き出し線で説明しましたが、縦の列ごとに、また黒い各項目には番号をふり、一二頁からその番号順に項目が何を意味しているかをお伝えします。その日と関連させてご覧ください。

それぞれの列に記してあるもの

・アの列には、その年、月、節入りの日時など。
・イの列には、その年にあたる干支、九星及び、エの列の⑧~⑱をさします。
・ウの列には、その月にあたる干支、九星及び、エの列の⑧~⑱をさします。
・エの列には、日、曜日、九星、などをさす項目。
方角は、基本的にご自身の住まい、会社を中心にして、そこからの方角をさします。
子、丑などの時刻は、一一八頁の表の右の欄をご参照ください。

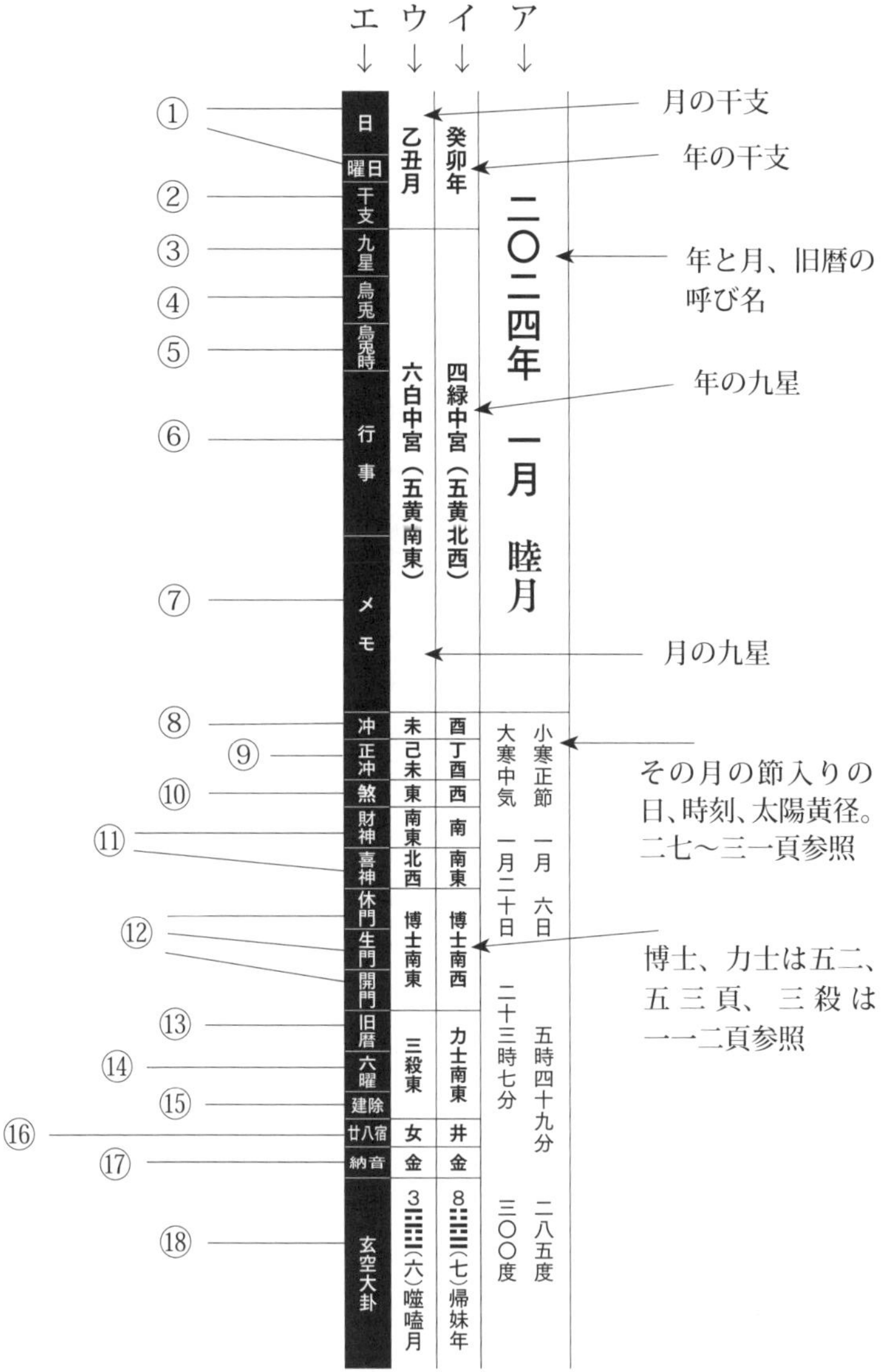
エ ウ イ ア
① 日 曜日
② 干支
③ 九星
④ 烏兎
⑤ 烏兎時
⑥ 行事
⑦ メモ
⑧ 冲
⑨ 正冲
⑩ 煞
⑪ 財神 喜神
⑫ 休門 生門 開門
⑬ 旧暦
⑭ 六曜
⑮ 建除
⑯ 廿八宿
⑰ 納音
⑱ 玄空大卦
乙丑月
癸卯年
二〇二四年 一月 睦月
六白中宮（五黄南東）
四緑中宮（五黄北西）
未 己未 東 南東 北西 博士南東 三殺東 女 金 3(六)噬嗑月
酉 丁酉 西 南 南東 博士南西 力士南東 井 金 8(七)帰妹年
小寒正節 一月 六日 五時四十九分 二八五度
大寒中気 一月二十日 二十三時七分 三〇〇度
月の干支
年の干支
年と月、旧暦の呼び名
年の九星
月の九星
その月の節入りの日、時刻、太陽黄径。二七～三一頁参照
博士、力士は五二、五三頁、三殺は一一二頁参照

ア、イ、ウ

年の区切りと月の区切り

年の区切りは、二十四節気《にじゅうよんせっき》の「立春」をもって、年始めとする方法と、旧暦で数えるものがあります。二十四節気で年を区切り、二十四節気で月を区切り、二十四節気を基準として、正月、二月、三月……と区切っていく方法を「節切《せつぎ》り」と言います。本命星や、吉凶神のほとんどは、「節切り」を使用しています。

四四頁の図で、五黄土星が西に回っていますが、これも節切りで変わるので、立春から西に回ると考えます。ですから、新暦の一月一日から立春の前までは、昨年の位置である北西に五黄土星があると考えます。九星紫白《きゅうせいしはく》を見る時も、節切りとなりますので、立春から「三碧木星」の年となります。

新暦の一月一日から立春の前までは、まだ「四緑木星」の「癸卯」の年となり、立春から、「三碧木星」の年で「甲辰」の年に切り替わると考えてください。

例えば、今年二〇二四年の一月三日に生まれた場合は、立春前なので、年は昨年の「癸卯」年とし、九星紫白も、昨年の「四緑木星」が歳星となります。月は、節入りしてから一月と考えますので、一月は「丑月」なのですが、一月三日はまだ節入りしていないので節月が変わっていなく、十二月の「子月」生まれと考えます。

ご自身の本命星を見る時も、立春前の生まれの方は、前の年の九星紫白が本命星となりますので気を付けてください。

※月の神殺《しんさつ》の説明で「旧」と付いているものは、旧暦で見ます。この場合は、旧暦の朔《ついたち》から、その方位に回るということになります。

エ

① 日・曜日

「玄空風水暦」では、一般に広く使われている新暦の日と曜日を用いています。日は算用数字で表しています。日曜日は枠の地に色を塗り、祝日はその曜日を〇で囲み、わかりやすくしました。

② 干支（かんし　または、えと）

干支とは、中国で古くから用いられていた、年、月、日や方角を表すためのもの。十干「甲《きのえ》、乙《きのと》、丙《ひのえ》、丁《ひのと》、戊《つちのえ》、己《つちのと》、庚《かのえ》、辛《かのと》、壬《みずのえ》、癸《みずのと》」は、それぞれを五行（木火土金水《もっかどこんすい》の五陰五陽）の陰陽に配し、十進法の計数に、十二支「子《ね》、丑《うし》、寅《とら》、卯《う》、辰《たつ》、巳《み》、午《うま》、未《ひつじ》、申《さる》、酉《とり》、戌《いぬ》、亥《い》」は、六陰六陽とし、年・月・日・時を表すのに用いました。

十干と十二支をそれぞれすべてを組み合わせると、（十と十二の最小公倍数で）ちょうど六十ですべて組み合わさり一巡します。これを年にすると、生まれてから六十年経つと一巡し、同じ干支の年になることから、還暦と言われています。

（ご自身の生まれ年の干支は、五頁の表をご参照ください。）

③ 九星

気学で一般に使われる**一白から九紫までの星**を示している。九星紫白とも言います。一白から九紫下の五行(木火土金水《もっかどこんすい》)は、相生・相剋関係にあります。

相生関係は、木は火を生《しょう》じ、火は木から生じられる(木生火)。火は土を生じ、土は火から生じられる(火生土)。土は金を生じ、金は土から生じられる(土生金)。金は水を生じ、水は金から生じられる(金生水)。水は木を生じ、木は水から生じられる(水生木)。

相剋関係は、木は土を剋《こく》し、土は木から剋される(木剋土)。火は金を剋し、金は火から剋される(火剋金)。土は水を剋し、水は土から剋される(土剋水)。金は木を剋し、木は金から剋される(金剋木)。水は火を剋し、火は水から剋される(水剋火)。

(例)　三碧木星であれば、木星の「木」を見ます。木は、水より生じるため、一白水星の日を吉日とします。また金からは剋されるため、六白、七赤の日は、取らないようにします。

＊生じるとは、生かす、剋すとは、対立する、というような意味をもちます。

(ご自身の九星は、五頁の表をご参照ください。)

九星紫白とは、後天の「坎《かん》」には一白水星、「坤《こん》」には二黒土星、「震《しん》」には三碧木星、「巽《そん》」には四緑木星、中宮には「五黄土星」、「乾《けん》」には六白金星、「兌《だ》」には七赤金星、「艮《ごん》」には八白土星、「離《り》」には九紫火星を当てはめて、後天八卦の「数」と「方位」と「五行」を表したものです。

（一七頁、一八頁の表もご参照ください。）

○**一白水星《いっぱくすいせい》**＝六白・七赤から生じられ、三碧・四緑を生じ、九紫を剋し、二黒・五黄・八白から剋される。

○**二黒土星《じこくどせい》**＝五黄・八白と比和《ひわ》（五行が同じ）し、九紫から生じられ、六白・七赤を生じ、一白を剋し、三碧・四緑から剋される。

○**三碧木星《さんぺきもくせい》**＝四緑と比和し、一白から生じられ、九紫を生じ、二黒・五黄・八白を剋し、六白・七赤から剋される。

○**四緑木星《しろくもくせい》**＝三碧と比和し、一白から生じられ、九紫を生じ、二黒・五黄・八白を剋し、六白・七赤から剋される。

○**五黄土星《ごおうどせい》**＝二黒・八白と比和し、九紫から生じられ、六白・七赤を生じ、一白を剋し、三碧・四緑から剋される。

○**六白金星《ろっぱくきんせい》**＝七赤と比和し、二黒・五黄・八白から生じられ、一白を生じ、三碧・四緑を剋し、九紫から剋される。

○七赤金星《しちせききんせい》＝六白と比和し、二黒・五黄・八白から生じられ、一白を生じ、三碧・四緑を剋し、九紫から剋される。

○八白土星《はっぱくどせい》＝二黒・五黄と比和し、九紫から生じられ、六白・七赤を生じ、一白を剋し、三碧・四緑から剋される。

○九紫火星《きゅうしかせい》＝三碧・四緑から生じられ、二黒・五黄・八白を生じ、六白・七赤を剋し、一白から剋される。

定位盤

南東	南	南西
四緑	九紫	二黒
三碧（東）	五黄	七赤（西）
八白	一白	六白
北東	北	北西

上の表は、九星の定位を表したもの。

次頁の、1 数の配置（定位盤）、2 五行の配置、3 後天八卦の配置の表もご参照ください。

1

数の配置（定位盤）

南東		南		南西
	4	9	2	
東	3	5	7	西
	8	1	6	
北東		北		北西

2

五行の配置

南東		南		南西
	木	火	土	
東	木	土	金	西
	土	水	金	
北東		北		北西

3

後天八卦の配置

南東		南		南西
	巽	離	坤	
東	震		兌	西
	艮	坎	乾	
北東		北		北西

④ 烏兎《うと》　⑤ 烏兎時《うとじ》

烏兎とは、太陽と月のことをいい、これは、太陽に烏(からす)が、月に兎(うさぎ)がすむという中国の伝説に由来します。日、月、歳月をも意味します。暦で吉日は太字で表しています。

『天元烏兎經《てんげんうときょう》』擇日《たくじつ》吉凶から

烏兎の吉日は、「太陽日」を取ったら「太陽時」を取ります。「水星日」を取ったら「水星時」を取ります。このように日と時間は同じ吉星を取る様にして擇日を選びます。

烏兎時とは、時刻をさします。例えば、烏兎の項目に太陽、烏兎時に寅亥とある場合、寅と亥の時刻を良い時刻とします。良い時間は、太字で表しています。(時刻は、二八頁の表右側の欄参照)

◎第一太陽最喜(太陽日＝吉日)

※一年中使用可

太陽日を使うのが、最も力が強く、最も良い日時である。この日時を取れば、富を得て地位も名誉も手にすることができる。そして、その効果は長男を始め次男、三男にまでも影響するほど強いものである。

◎第二催官名木星（木星日＝吉日）

※立秋から立冬前日まで使用不可

太陽日の次に良いのが、木星であり、いわゆる官禄の星である。日時にこれを取れば、衆人の長となる人や、リーダーになる人が現れ、子々孫々まで地位を保つことができる。

◎太陰吉星亦堪取（太陰日《たいいんび》＝吉日）

※一年中使用可

太陰の日時を取ることもまた宜しい。日時共に太陰星ならば、すべてのことがスムーズに運び、金運にも恵まれることであろう。また、文筆による人気にも恵まれる星である。

●土星原来是悪星（土星日＝凶日）

土星はもともと悪星であり、災禍を呼ぶ星である。知らずとはいえ土星の日時を使えば、水害、火難、事故など、ありとあらゆる災難が降りかかって来てしまう。そして、福の神に見放されたかのように、お金は出て行き、訴訟問題に巻き込まれたり、悪性の病に侵されてしまうであろう。

●火星最悪星（火星日＝凶日）

火星を日時に取れば、治りようのない病気に犯されてしまう。時には、家人が亡くなったり或は他人に騙されたり、家が火事になってしまったりする。また、土地も家もなくなり一家離散の憂き目に遭う。

●羅睺悪毒不堪言（羅睺日《らごうび》＝凶日）

羅睺の酷さは言葉では言い表せない。若い時は辛い生活をし、その後も不慮の事故に巻き込まれたり、水難、火難と、そのトラブルは絶えることがない。そして、遂には、刑に服するようなことになるであろう。

●計都悪曜禍無邊（計都日《けいとび》＝凶日）

計都の酷さも滅茶苦茶である。お金は無くなり、人は死ぬし、悪いことばかり続いて行くからである。とりわけ、巳・酉・丑・辰の四緑中宮の年は、産後に亡くなったり、旅行で船が沈んだりと悪象がはっきりと現れる。

◎水星用着不爲災（水星日＝吉日）

※立夏から立秋前日まで使用不可

水星は季節を選べば使っても良い星である。却って良いことが続けて起こるほどである。子供は試験に合格し、土地も増え、収入も増えて行くからである。

◎好個金星利人（金星日＝吉日）

※立春から立秋前日まで使用不可

金星は、うまく合わせて使うことができたら、何よりも金運に恵まれ、知らず知らずの内に、何千、何億というお金を手に入れることができる。吉星である金星を使えることは、実に運の良いことであり、金星は人事に使うと宜しい。また、土地や田畑は増え、人望も高まることとなる。とりわけ、巳・酉・丑の年に名を上げるであろう。
以上のように『天元烏兎經』に書かれています。

⑥ 行事

国民の祝日や、天一天上などの吉日、三隣亡などの凶日、節分や初午などの雑節及び年中行事、立春、雨水などの二十四節気を行事の欄に記しました。

擇日《たくじつ》参考日

十干十二支の組み合わせなどによってその日の吉凶を占い、吉日などの日選びをする擇日は、選日ともよばれ、古くから次のようなものがあり、暦にも載せられていました。

○一粒万倍日《いちりゅうまんばいび》

節月ごとに特定の十二支の組み合わせから求める。一粒の籾《もみ》が稲穂となり万倍にふえる意味で、何事にもよき日とされる。仕事始め、商売始め、開店、種まき、お金を出すことに吉とされる。物を借りたり借金するのは苦労がふえるため凶。

○天一天上《てんいちてんじょう》

癸巳の日から戊申の日までの十六日間は吉凶を司る方位神である天一神が天上するため何事も障りはないとされている。天一天上の一日目は上吉日とされている。

○天赦日《てんしゃび》

百神が天に昇り、天が万物の罪を赦《ゆる》す日とされ、最上の大吉日である。季節と日の干支で決まり、年に五回または六回ある。結婚、開店、事業創立、拡張などに最良の日とされている。

○土用《どよう》

五行に由来する雑節で、立夏・立秋・立冬・立春前の十八～十九日間。土の気が盛んになるとして、動土、穴掘りなど土木工事の着手は凶とされる。春は巳、午、酉の日、夏は卯、辰、申の日、秋は未、酉、亥の日、冬は卯、巳、寅の日が間日《まび》で障りがない。夏には鰻を食べる習慣がある。

○八専《はっせん》

干・支ともに同じ五行となる壬子、甲寅、乙卯、丁巳、己未、庚申、辛酉、癸亥の八日の集中する壬子の日から癸亥の日までの十二日間のことで、一年に六回ある。この日は法事、供養などの仏事、嫁取りなどには凶とされている。

○不成就日《ふじょうじゅび》

旧暦で日が決まっており何事も成就しないとされる。事を起こすことが凶とされ、結婚、開店、柱立て、命名、移転、契約事などに凶。願い事をするなどもよくないとされている。

○三隣亡《さんりんぼう》

建築関係者の凶日とされ、節月ごとに特定の十二支から求める。普請始め、柱立て、棟上げなど建築に関することは避けられた。この日に建てた家屋が災禍を起こした場合、近所隣まで亡ぼすとされた。

○十方暮《じっぽうぐれ》

十干と十二支の五行が相剋しているものが集中している甲申から癸巳の間の十日間。万事うまくいかず労して功の少ない日とされ、事業の開始や旅立ちなどに凶とされている。

雑節及び年中行事

二十四節気・五節句などとは別に、季節の移り変わりをつかむために設けられた、特別な暦日を雑節と言います。多くは、自然の中での生活や農業などの生産活動に関連を持っていて、今日まで民俗行事や年中行事として広く人々の生活に根付いています。

●**節分**《せつぶん》　立春の前日。新暦では二月三日ごろ。年越し、鬼はらい、追儺《ついな》とも言われる。豆をまいて鬼を追い払い、幸福を願う行事を行い、新しい年の健康を願う。各季節の始まりの日である立春、立夏、立秋、立冬の前日のことを指していたが、次第に春だけに用いられるようになった。

●**初午**《はつうま》　二月の最初の午《うま》の日で、各地の稲荷神社で祭事が行われ、初午詣する参詣者が訪れる。

●**上巳の節句**《じょうしのせっく》　三月三日の雛祭《ひなまつり》のこと。桃の節句とも言われる。三月最初の巳の日に雛を祀ったことが発祥で〝上巳《じょうし》の節句〟と言われた。女児の誕生を祝い喜び、雛段を飾って末長く多幸であるように祈る。

●**彼岸**《ひがん》　春分と秋分の日をはさんで前後七日間。春は新暦三月十七日ごろに入り、二十三日ごろ明ける。秋は新暦九月二十日ごろに入り、二十六日ごろ明ける。真ん中の日は中日と言われ国民の祝日となっている。気候がよいので、仏教では先祖を供養する日とされている。

●**社日**《しゃにち》　春分と秋分に最も近い戊《つちのえ》の日。土地の神、五穀の神を祀り祝う。土の神を祀って春は穀物の生育を祈り、秋は実りの収穫について五穀の神を祀る。

●**八十八夜**《はちじゅうはちや》　立春から数えて八十八日目にあたり、新暦の五月二日ごろ。農家では種まきの最適時期とされる。

●**端午《たんご》の節句**　五月五日の男児の節句。菖蒲の節句とも言い、邪気を除くために菖蒲を軒にさしたり、ちまき、柏もちなどを食べる習わしがある。男児のいる家では鯉のぼりを立て、五月人形を飾るなどする。〝こどもの日〟として国民の祝日になっている。

●**入梅《にゅうばい》**　農家が田植えの日取りを決めるにとって重要な梅雨《つゆ》入りの時期に設定された雑節。現在の日本では、太陽黄経が八十度に達する六月十一日ごろ。

●**半夏生《はんげしょう》**　夏至から十日目の七月二日ごろ。天球上の黄経百度の点を太陽が通過する日。農家にとってはこの日までに畑仕事や田植えを終える目安となる大事な節目の日。

●**七夕《たなばた》祭**　五節句の一つで七月七日、その夜の行事。星祭りなどとも言われる天の川（銀河）をはさんで牽牛星《けんぎゅうせい》と織女星《しょくじょせい》が会合をするという中国の伝説からきている。

●**盂蘭盆《うらぼん》**　「盆会」「お盆」「精霊会」「魂祭」「歓喜会」などともよばれる七月十三日から十五日の三日間。父母や祖先の霊《みたま》を祀り、墓参り、迎え火、送り火、灯籠流し、棚経などの行事が行われる。

●**二百十日《にひゃくとおか》**　立春の日から数えて二百十日目の新暦九月一日ごろ。稲の開花期を迎え、季節の移り変わりの目安となるが、台風が来て天気が荒れやすいと言われ、農家で被害が恐れられている。

●**二百二十日《にひゃくはつか》**　立春の日から二百二十日目の新暦九月十一日ごろ。二百十日と同じく台風襲来の季節で、農家の厄日《やくび》とされている。

●**三伏日《さんぷくび》**　初伏《しょふく》・中伏《ちゅうふく》・末伏《まっぷく》の総称。夏至後の第三と第四の庚《かのえ》の日、立秋後の最初の庚の日を末伏とする。この日に種まき、婚姻などは凶とされる。

●甲子《きのえね》・庚申《かのえさる》・己巳《つちのとみ》 甲子の日は大黒天、庚申の日は帝釈天、己巳の日は弁才天を祀る。

●菊《きく》の節句 重陽《ちょうよう》の節句、九月節句ともいう九月九日。重陽は、陽数九が重なるめでたい日。菊の花を酒に浮かべて飲んで長寿を祝うことがあった。

●大祓《おおはらい》 大宝律令によって定められた宮中の年中行事。六月三十日と十二月三十一日に犯した罪やけがれを祓うために行われる。十二月の大祓が年越祓《としこしのはらい》、六月の大祓は夏の大祓と言われている。

二十四節気

太陰暦は、月の運行を基にして、新月から新月までを一カ月としているものですが、これだけだと、四季と月がずれてしまい、農作業などに支障を生じるようになってきました。そこで考えられたのが、太陽を基準として、太陽が一周する日数を二十四等分した二十四節気です。これを周天三六〇度と言います。

この二十四節気には、冬至を基準として一年(365・2422日)を単純に二十四等分した「平気法」と、太陽の動く度数三〇度ごとに一月とする「定気法」があり、ここでは定気法を使用しています。定気法は、立春(太陽黄径三一五度)を一年の始まりとしています。

春は、立春～立夏前で黄径三一五度～四五度、
夏は、立夏～立秋前で黄径四五度～一三五度、
秋は、立秋～立冬前で黄径一三五度～二二五度、
冬は、立冬～立春前で黄径二二五度～三一五度、
となります。

二十四節気の一カ月の始まりを、節入(正節)とし、節から節の間に、「中気」を設けて、節と気で節気として、節気で一カ月としています。正節は、立春・啓蟄・清明・立夏・芒種・小暑・立秋・白露・寒露・立冬・大雪・小寒をさします。

●立春《りっしゅん》　太陽黄経三一五度
旧暦正月寅《とら》の月の正節で、新暦では節分の翌日、二月四日ごろになる。暦の上ではこの日から春となる。

●雨水《うすい》　太陽黄経三三〇度
旧暦正月寅《とら》の月の中気で、新暦二月十八日ごろ。

●啓蟄《けいちつ》　太陽黄径三四五度

●**春分《しゅんぶん》**

旧暦二月卯《う》の月の正節で、新暦三月五日ごろ。

太陽黄径〇度

旧暦では二月卯《う》の月の中気で、新暦三月二十一日ごろ。太陽の中心が天球上の赤道を南から北へ横切る春分点に達すると、太陽黄経零度になり、地球上の昼と夜の長さがほぼ等しくなる。この日を春彼岸の中日と称し、国民の祝日となっている。

●**清明《せいめい》**

旧暦三月辰《たつ》の月の正節で、新暦四月五日ごろ。

太陽黄径一五度

●**穀雨《こくう》**

旧暦三月辰《たつ》の月の中気で、新暦四月二十日ごろ。

太陽黄径三〇度

●**立夏《りっか》**

旧暦四月巳《み》の月の正節で、新暦五月五日ごろ。暦の上では夏の始まりとなる。

太陽黄径四五度

●**小満《しょうまん》**

旧暦四月巳《み》の月の中気で、新暦五月二十一日ごろ。

太陽黄径六〇度

●**芒種《ぼうしゅ》**

旧暦五月午《うま》の月の正節で、新暦六月五日ごろ。

太陽黄径七五度

●**夏至《げし》**

旧暦五月午《うま》の月の中気で、新暦六月二十一日ごろ。太陽が最も高い夏至点に達し、北半球では昼が最も長く、夜が最も短くなる。

●**小暑**《しょうしょ**》** 太陽黄径一〇五度

旧暦六月未《ひつじ》の月の正節で、新暦七月七日ごろ。

●**大暑**《たいしょ》 太陽黄径一二〇度

旧暦六月未《ひつじ》の月の中気で、新暦七月二十三日ごろ。

●**立秋**《りっしゅう》 太陽黄経一三五度

旧暦七月申《さる》の月の正節で、新暦八月七日ごろ。暦の上ではこの日から秋に入る。

●**処暑**《しょしょ》 太陽黄径一五〇度

旧暦七月申《さる》の月の中気で、新暦八月二十三日ごろ。

●**白露**《はくろ》 太陽黄径一六五度

旧暦八月酉《とり》の月の正節で、新暦九月八日ごろ。

●**秋分**《しゅうぶん》 太陽黄径一八〇度

旧暦八月酉《とり》の月の中気で、新暦九月二十三日ごろ。太陽が天球上で黄道と赤道との交点のうち北側から南側に移る秋分点に達した時で、赤道・黄経ともに百八十度にあたる。秋の彼岸の中日となり、徐々に昼が短く、夜が長くなる。

●**寒露**《かんろ》 太陽黄径一九五度

旧暦九月戌《いぬ》の月の正節で、新暦十月八日ごろ。

●**霜降**《そうこう》　太陽黄径二一〇度
旧暦九月戌《いぬ》の月の中気で、新暦十月二十三日ごろ。

●**立冬**《りっとう》　太陽黄経二二五度
旧暦十月亥《い》の月の正節で、新暦十一月七日ごろ。これより冬に入る。

●**小雪**《しょうせつ》　太陽黄径二四〇度
旧暦十月亥《い》の月の中気で、新暦十一月二十二日ごろ。

●**大雪**《たいせつ》　太陽黄径二五五度
旧暦十一月子《ね》の月の正節で、新暦十二月七日ごろ。

●**冬至**《とうじ》　太陽黄径二七〇度
旧暦十一月子《ね》の月の中気で、新暦十二月二十二日ごろ。北半球で太陽の高さが一年中で最も低くなるため、昼が一年中で一番短く、夜が長くなる。冬が終わり春が来ることから、悪いことが続いた後で幸運に向かうことに地雷復《ちらいふく》を当てて「一陽来復《いちようらいふく》」という。

●**小寒**《しょうかん》　太陽黄径二八五度
旧暦十二月丑《うし》の月の正節で、新暦一月六日ごろ。

●**大寒**《だいかん》　太陽黄径三〇〇度
旧暦十二月丑《うし》の月の中気で、新暦一月二十日ごろ。

⑦ メモ

予定を書いておけるようにメモ欄をもうけました。旅行や仕事、ちょっとした外出など、良い日を取る、日々のスケジュールにお役立てください。

⑧ 冲《ちゅう》

冲とは、十二支を円形に配した場合、真向かいに位置する支の関係のことをいいます。全部で六通りの冲があるため、「六冲」ともよびます。

（例） 暦に未と書いてあるならば、未年の生まれの人はこの日を取ってはいけない。

⑨ 正冲《せいちゅう》

正冲とは、六十干支をさし、例えば丁丑《ひのとうし》の日であれば、天干の丁《ひのと》は火剋金で、辛《かのと》を剋し、地支の丑は未と冲するため、天干は剋して地支は冲することになるので、辛未《かのとひつじ》の年の生まれの人は、この日を使ってはいけないとします。（正冲とは、天剋地冲《てんこくちちゅう》ともいいます。）

剋する最強関係

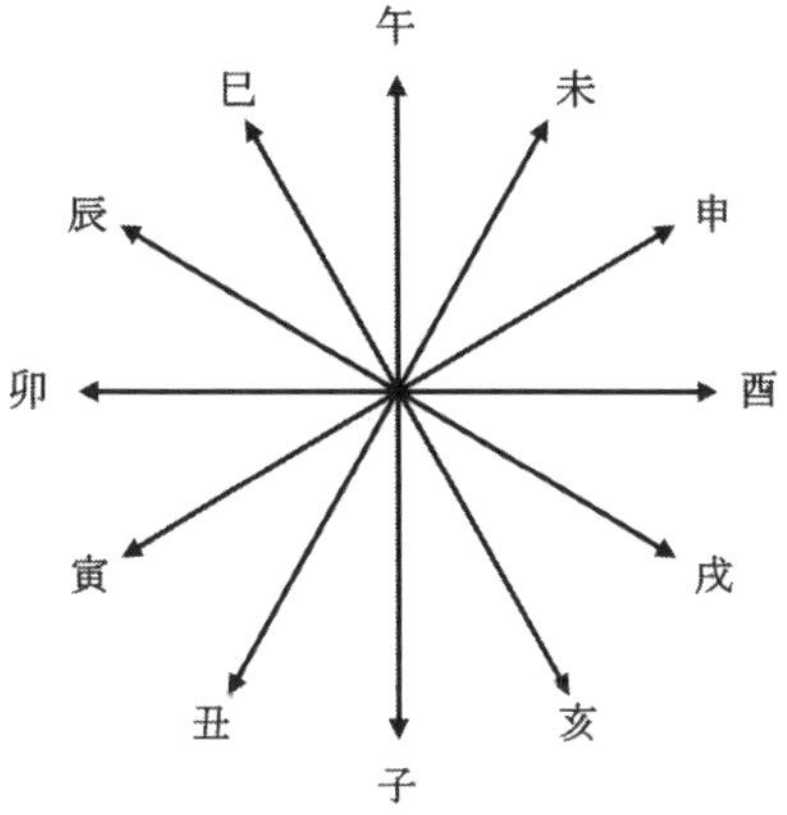

十干冲剋図

⑩ 煞《さつ》

欄に書いてある方角は、家から見たその方角と、家自体のその方角にある部屋などをさし、その方面や場所をよくない方角とします。その方角に行っても、家のその方角の場所を動かしても（修理や模様替えなど）、よくないとします。また、次の例の場合もよくありません。

（例）　その日に東と書いてあるならば、坐山（玄関と反対の方位）が東に向いている家に住んでいる場合、家のどこを動かしてもよくありません。

⑪ 財神《ざいしん》・喜神《きしん》

財神・喜神とは、文字通り、財と喜びを表します。財とは金を運んで来るもの、即ち仕事運（財運）と考えます。書いてあるその方角が良い方角となります。

（例）　営業職の人は普段行かないその方角へ営業に（西と書いてあり、いつも東エリアへ行く人ならば、その日は西エリアへ）行ってみるなど。喜とは、まさに喜び事をいい恋愛などをさします。

⑫ 休門・生門・開門

休門、生門、開門とは、日家八門において三吉門と言われ、吉星とされています。休門は、機知と安定を司り、文字通り、のんびりと休息したいとき、その方角へ行く、その方角の公園や温泉などに行くのも良いとされています。生門は、改革と発生を司り、生産することや変化をもたらすことがある場合に、その方角が良いとされています。開門は、順調と発展を司ります。ものごとをさらに発展させたい、行き詰まっているときなどに、その方角へ行くと良いとされています。

「日家八門」では、方位の善し悪しを看ます。（一一四頁参照）

烏兎や二十八宿、他で良い日を算出したら、方位が良いかどうかを見なくてはいけないので、旅行や改築方位などを三吉門の方を取る様にすると良いです。

※家で何かを行う場合は、座山に、三吉門が入るのを「上吉」とします。

⑬ 旧暦

旧暦とは、太陰暦をさし、新暦（太陽暦）とは年の区切りが異なります。（一二一頁も参照）

⑭ 六曜

六曜は六輝とも言われ、現代では「結婚式は大安に」「葬式は友引を避ける」など、冠婚葬祭などの儀式と結びついて使用されることが多い暦法です。

先勝《せんしょう》
午前中は吉、午後凶。「さきがち」とも言い、「先んずれば勝つ」の意味。万事に急ぐことが良いとされる。

友引《ともびき》
午前中と夕方は吉、正午は凶。葬式は凶。凶事が友に及ぶ、引き分けという意味。

先負《せんぶ》
午前中は凶、午後は吉。「さきまけ」とも言い、「先んずれば負ける」の意味。万事平静が吉。勝負事や急用は避けるべきとされる。

仏滅《ぶつめつ》

仏も滅するような大凶日の意味。何事も遠慮する日、婚礼凶、病めば長引く、仏事は吉。

大安《だいあん》 婚礼、祝い事は大吉。六輝の中で最も吉の日。何事においても吉ですべて成功する日と言われる。

赤口《しゃっこう》 正午のみ吉。午前・午後は凶。祝い事には大凶。火の元や怪我に注意する日。赤口神という鬼神が人々を悩ます日。

⑮ 建除《けんじょ》

建除（十二直《じゅうにちょく》）とは、北斗七星の柄の部分が北極星を中心に廻ることから配当されたもので、十二支と関連づけて、節入りを基準に配当しています。十二直の「直」は「當《あた》る」という意味があることから、明治前まで「この吉凶は良く当たる」と重視されていたと言います。

吉凶は次の通りです。

建〈たつ〉 万物を建て生じる日で、よろず大吉。ただし動土、蔵開きは凶。
除〈のぞく〉 障害を取り除く日で、井戸掘り、治療始め、祭祀などは吉。結婚、動土は凶。
満〈みつ〉 すべてが満たされる日で、新規事、移転、結婚などは吉。動土、服薬は凶。
平〈たいら〉 物事が平らかになる日で旅行、結婚、道路修理などは吉。穴掘り、種まきは凶。
定〈さだん〉 善悪が定まる日で、開店、結婚、移転、種まきは吉。旅行、訴訟は凶。
執〈とる〉 執り行う日で、祭祀、祝い事、造作、種まきは吉。金銭の出入りは凶。
破〈やぶる〉 物事を突破する日で、訴訟、出陣、漁猟、服薬は吉。祝事・契約事は凶。
危〈あやぶ〉 物事を危惧する日で、万事控えめにし、新規始め事は凶。
成〈なる〉 物事が成就する日で、新規事、建築、開店は吉。訴訟、談判は凶。
納〈おさん〉 物事を納め入れる日で、収穫、商品購入は吉。結婚、見合いは凶。
開〈ひらく〉 開き通じる日で、建築、移転、結婚等は吉。葬式は凶。
閉〈とず〉 閉じ込める日で、金銭出納、建墓は吉。棟上げ、結婚、開店は凶。

⑯ 二十八宿吉凶《にじゅうはっしゅくきっきょう》

二十八宿とは天球の赤道の三六〇度を三六五に分割し、それを二十八にまとめたもので、風水では対象物の吉凶を量ったり、良い座山か否かを量ったりするのに使用しますが、ここでは、日の吉凶を選ぶのに使用するためのものです。

角《かく》 柱立て、衣装の着初め、婚礼は吉。葬式は凶。

亢《こう》 衣類の仕立て、物品購入は吉。建築は凶。

氐《てい》 婚礼、新規事業は吉。仕立ての着初めは凶。

房《ぼう》 婚礼、旅行、移転、柱立て、棟上げは吉。

心《しん》 移転、旅行は吉。婚礼、普請建築、葬式は凶。

尾《び》 婚礼、開店、移転、新規事業の開始は吉。

箕《き》 動土、集金、開店は吉。葬式は凶。

斗《と》 土掘起こし、倉庫建築、新規事業開始は吉。

牛《ぎゅう》 移転、旅行、その他何事にも吉。

女《じょ》　稽古始め吉。訴訟、婚礼、葬式は凶。

虚《きょ》　衣類着初め、学問始め吉。相談事は凶。

危《き》　壁塗り、家宅修理、船普請、酒造りは吉。

室《しつ》　神仏祭祀、婚礼、祝い事すべてに吉。

壁《へき》　新規事業の開始、旅立ち、婚礼等に吉。

奎《けい》　柱立て、棟上げ、神仏祭祀、旅行に吉。

婁《ろう》　動土造作、婚礼、契約、取引始めは吉。

胃《い》　建築、結婚、公事への関与は吉。私事に拘るのは凶。

昴《ぼう》　神仏詣り、新規事業は吉。造改修は凶。

畢《ひつ》　平和な日。神仏祭祀、婚礼、棟上げは吉。

觜《し》　稽古始め、仕事始めに吉。着初めは凶。

参《しん》　物品仕入れ、新規取引開始、祝い事は吉。

井《せい》　神仏祭祀、種まき、普請建築などは吉。

鬼《き》　最高に良い。祝い事すべて大吉。婚礼だけは凶。

柳《りゅう》　守りの日。婚礼、新規事開始は凶。

星《せい》　乗馬始め、便所改造に吉。婚礼、葬式は凶。

張《ちょう》　神仏祈願、就職、見合いなど発展成就に吉。

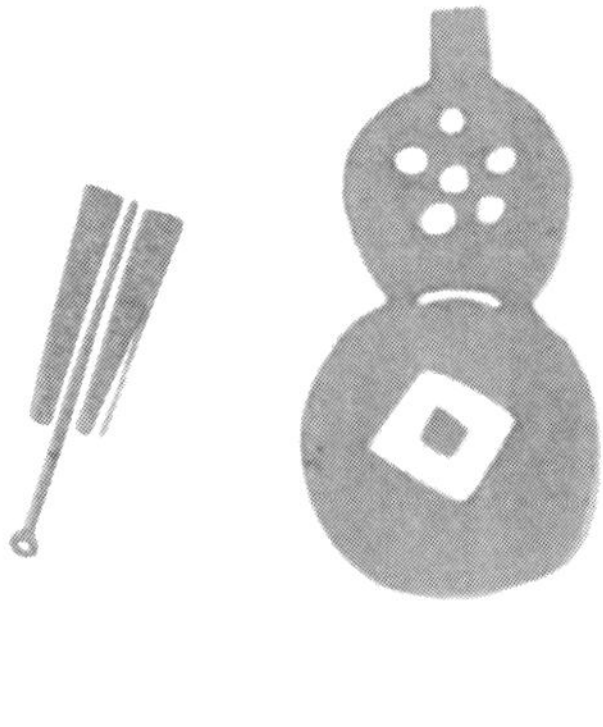

翼《よく》 耕作始め、樹木の植え替え、種まきに吉。
軫《しん》 地鎮祭、棟上げ、落成式、神仏祭祀などに吉。

⑰ 納音《なっちん》

納音とは、六十干支を陰陽五行説や中国古代の音韻理論を応用して、木・火・土・金・水の五行に分類し、陰陽をひとつにして30に分類したもの。生まれ年の納音によってその人の運命を判断します。

納音擇日《たくじつ》法

納音五行の調べ方

1　自分の生まれた年の納音五行を調べる。（五頁の年齢早見表からご自身の干支を見つけ、一三一頁の納音命卦速査表よりその干支の納音五行を割り出す）

2　日の納音五行が、自分の納音五行と同じか、自分の納音五行を生じるような五行の日を選ぶ。
＊年・月・時間は、日を生じる納音五行か、日と同じ納音五行を選ぶ。

※時間は納音刻査表（一二三頁）から算出します。
※自分の納音が、日を剋す日も選んでも良いのですが、ここでは無難な選び方を説明します。
例えば、自分の年の納音が「金」なら、「日」の納音は、「土」か「金」の納音五行の日を取るようにします。つまり、「日」の納音が、自分の生まれた年の納音を生じるか、または、自分の生まれた年の納音と同じ五行を選びます。そして、年月時が、日の納音と同じか、日を生じるように、年月日時をすべて合わせるようにします。
※年月日時は、「日」が主となり、年・月・時間は「従」となります。
※生まれた年の納音と、「日」では、生まれた年の納音が「主」となり、「日」が「従」となります。

活用法

納音五行が生じる、旺じる、剋するという関係から見ていきます。

・生まれ年の納音が「木」の人は日にちの納音の行から、「水」または「木」の日を選ぶと良い。

・生まれ年の納音が「火」の人は日にちの納音の行から、「木」または「火」の日を選ぶと良い。
・生まれ年の納音が「土」の人は日にちの納音の行から、「火」または「土」の日を選ぶと良い。
・生まれ年の納音が「金」の人は日にちの納音の行から、「土」または「金」の日を選ぶと良い。
・生まれ年の納音が「水」の人は日にちの納音の行から、「金」または「水」の日を選ぶと良い。

(例)昭和45年生まれの場合
1 五頁の表の昭和45年生まれの欄を見る。干支は庚戌となる。
2 一二二頁の表より庚戌の納音五行は釵釧金となる。
3 (ここでは無難な方法を説明しますので、)「金」が納音となる。
4 「金」と同じか「金」を生じる「土」の日を選ぶ。

⑱ 玄空大卦《げんくうたいか》

玄空大卦とは、六十四卦を使用し、「龍」「峯」「向」「水」を合わせ、気を合わせる方法です。擇日に使う場合は、「年」「月」「日」「時」を合わせて使用します。
＊詳しくは、『玄妙風水大全』(太玄社刊)をご参照ください。

令和六年（２０２４年）
甲辰《きのえたつ》【三碧木星《さんぺきもくせい》】歳
吉凶神殺《きっきょうしんさつ》方位

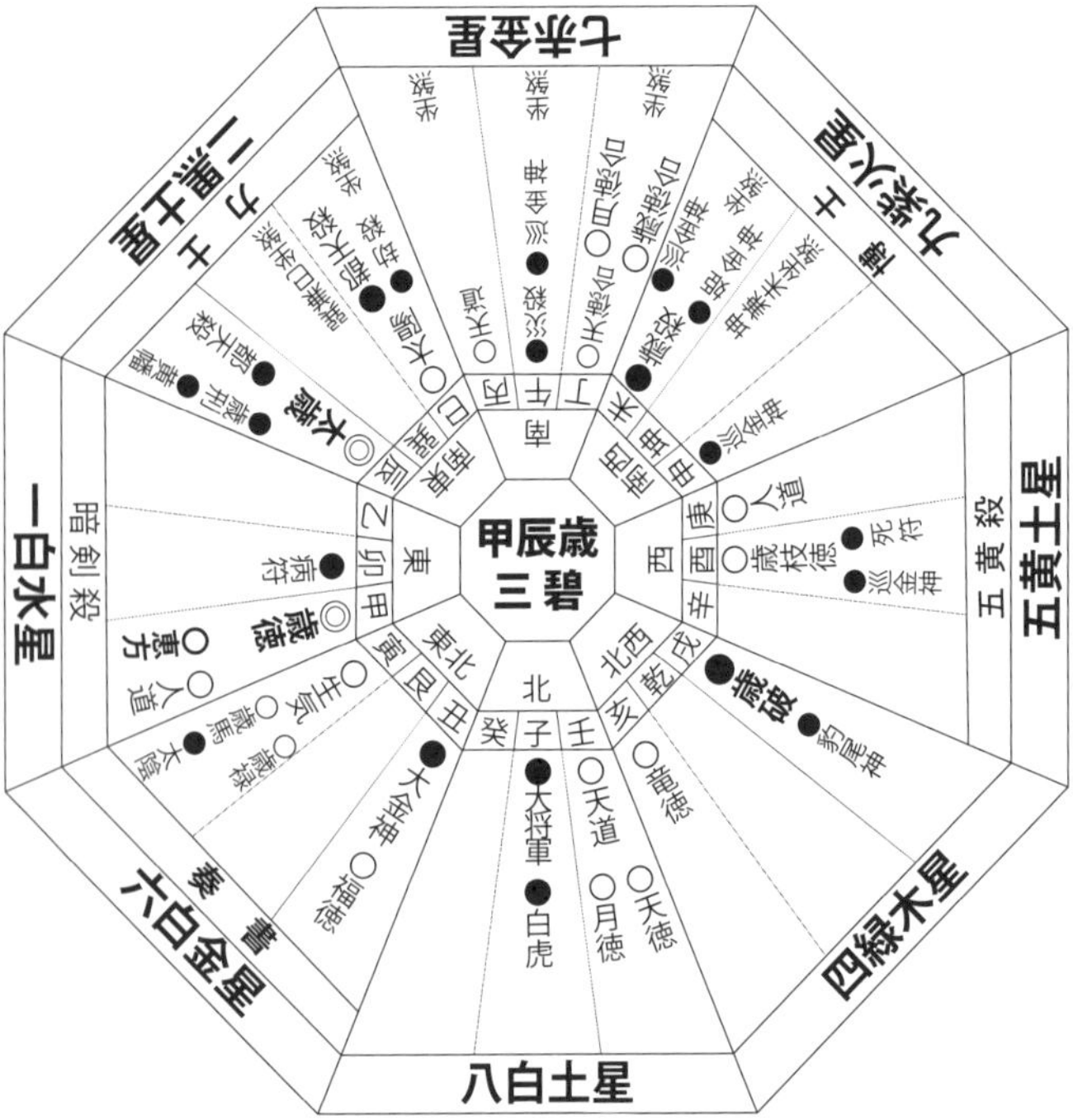

2024年の吉凶神《きっきょうしん》

吉凶神とは、主に五惑星(水星・金星・火星・木星・土星)及び太陽と月の運行している方位と恒星と惑星や惑星同士の角度に吉凶を求めたものです。ただし、実星だけでなく虚星も使用したりしています。(◎○は吉方位、●は凶方位になります。)

◎歳徳神《としとくじん》　甲方　歳徳神とは、その年の福徳を司る神であり、歳徳神の回座する方位を**恵方《えほう》**と言い、その方角に向かって事を行えば、万事に吉とされる。また本命星を生じる九星紫白と恵方方位が同じになった場合は特に良いと言われている。しかし、凶神と同じ方位になると、凶神に負けるので凶方位となってしまう。

◎太歳神《たいさいしん》　辰方　太歳神とは、木星(歳星)の精で八将神の一神である。一年の四季において万物の生成を司ると言われ、八方に影響力を持つとされる。木星の精なので木性であるために、樹木と深い関係があり、太歳神の位置する方位に向かって、樹木を植えることや植栽を植えることなどは吉であるが、樹木の伐採などは凶となる。この方位に向かっての争い事や葬儀・解体などをすると災禍に見舞われる。家屋の建築や増改築、移転、取引、結婚、就職などは大吉とされる。

●**歳破神《さいはしん》　戌方**　歳破神とは、土星(鎮星)の精で八将神の一神とされ、同じ八将神の一神である太歳神が在位する方位の反対側の方位に在位する凶神となる。この神は、土性の神なので、この方位に向かって動土(土地の造成や庭造りなど土を動かすこと)や建築、移転、婚姻などをすると災禍に見舞われる。これを犯すと家長に害が及ぶとされる。また、この方からペットや家畜を求めることも凶とされる。

●**大将軍《だいしょうぐん》　子方**　大将軍は金星(太白)の精で八将神の一神で、軍事を司る神とされる。金性が強いので争いの好きな神で、この方位を犯すと手術や刃物での争いに巻き込まれると言われる。

この方角は万事に凶とされ、特に動土は土生金でこの神の凶意を大きくするので災禍が大きくなると言われている。大将軍は三年間同じ方位から変わらないため、その方位「三年塞がり」と呼ぶ。ただし、三年も居座られると何もできないため、大将軍の遊行日《ゆうぎょうび》といって、その方位から他の方位に遊びに行っている間はその凶意を受けないので動土をしてもかまわないことになる。

遊行日は以下の通り。

春の土用(立夏前)
甲子日～戊辰日(東方に遊行)
夏の土用(立秋前)
丙子日～庚辰日(南方に遊行)

秋の土用(立冬前)
　庚子日~甲辰日(西方に遊行)
冬の土用(立春前)
　壬子日~丙辰日(北方に遊行)

●太陰神《たいおんじん》　寅方　太陰神とは、土星(鎮星)の精で、八将神の一神であり、十二天将の一神でもある。八将神の一神である太歳神(木星)の后と言われている。太陰神は、土性のため陰の性格を有していると言われ、男性の陽に対し女性の陰の性質に嫉妬し、太陰神の在位する方位に向かって女性に関すること(嫁取り、出産など)をすることは凶であると言われている。しかし、学問・芸術に関することは吉となっている。

●歳刑神《さいぎょうしん》　辰方　歳刑神とは、水星(辰星)の精とされ八将神の一神と言われている。
　歳刑神は、殺罰、刑殺を司る神とされ、この神の在位する方位に向かって事業を始めたり、移転することは凶とされるが、この神は武力、武器を好むことから武器や刃物などの製造や購入は良いとされ、争いの神で有ることから、訴訟や争いごとなどは良いとされるが、その者の行為が理にかなっている場合は吉となり、そうでない時は罰を受けるという。この神の在位する方角へ向かっての動土、種まき、植林などは凶となると言われている。

●**歳殺神**《さいせつしん》　**未方**　歳殺神とは、金星(太白星)の精とされる八将神の一神で、同じ八将神の一人である大将軍と関係があると言われている。金星は金気旺盛のため、殺気を司り、万物を滅するとされる。この神の在位する方角に向かって移転、旅行、結婚、訴訟などは避けたほうがよいとされる。また、この神は、武を好むとされ、この神の在位する方角に向かって刃物などの金性のものを得るのは吉とされる。

●**黄幡神**《おうばんしん》　**辰方**　黄幡神は、羅睺《らごう》星の精で、災害をもたらす神として恐れられた。また、吉凶の方位を司る八将神の一柱で、別名万物の墓の方と言い、また兵乱の神ともいう。この方位に向かって土を動かすのは凶だが、武芸に関することは吉とされている。

●**豹尾神**《ひょうびしん》　**戌方**　豹尾神は計都《けいと》星の精とされ、気性が激しいとされる。この神の在位する方位に向かって家畜などを求めるのは避けるべきとされ、また、不浄なものを嫌い、この神の在位する方角に向かっての大小便をしてはならないとされる。豹尾神は受け入れを嫌うことから、豹尾神の在位する方角への嫁(婿)入りは凶とされる。なお、豹尾神が在位する方角を犯すと、家族だけでなく場合によっては家畜などにも害が及ぶという。

●**巡金神**《めぐりこんじん》　**午・未・申・酉方**　金神の回座する方位は、凶方位とされ、特に土を動かしたり、造作、修理、移転、旅行などはしてはいけないとされています。

この方位を犯すと家族七人に死が及び、家人に七人が居ない場合は隣の家の者まで殺されると言われて恐れられている方位です。巡り金神方位は何事も不吉なので一年中その方位を犯すことができない。そうなると困るので、遊行日と言って、一年の中で金神が方位を変えて、対処している。

遊行日は次の通りである。

通年

甲寅の日から五日間　午の方へ遊行
丙寅の日から五日間　酉の方へ遊行
戊寅の日から五日間　中央（家の中）へ遊行
庚寅の日から五日間　子の方へ遊行
壬寅の日から五日間　卯の方へ遊行

春（立春から春の土用まで）

乙卯の日から五日間　午の方へ遊行

夏（立夏から夏の土用まで）

丙午の日から五日間　酉の方へ遊行

秋（立秋から秋の土用まで）

辛酉の日から五日間　子の方へ遊行

冬（立冬から冬の土用まで）

壬子の日から五日間　卯の方へ遊行

※もともとの「金神」が「巡り金神」となり「大金神」と「姫金神」は後から付け加えられたと言われている。

※九紫が巡るか、天道、天徳、月徳の吉神が巡行している月、また金神遊行日の間は差しつかえないとも言われている。

●**大金神**《だいこんじん》　**丑方**　巡り金神と同じような作用である(遊行はしない)。

●**姫金神**《ひめこんじん》　**未方**　これも、巡り金神と同じような作用である(遊行はしない)。

●**土公神**《どこうしん》　土を司るこの神は、季節によって遊行するとされ、春はかまど、夏は門、秋は井戸、冬は庭にいるとされた。遊行している季節ごとにかまどや門、井戸、庭に関して土を動かす工事を行うと土公神の怒りをかい、祟りがあるという。また、土公神はかまどの神ともされ、昭和の終り頃まで、かまどに奉るお札が配られていた所も多い。この神は、不浄を嫌い、刃物をかまどに向けてはならないとされる。

○**天道**《てんどう》　**丙・壬方**　天道とは吉方位の一つで、天地の理に則っている方位とされ、旅行、移転、結婚などすべてに大吉とされる。この方位に向って胞衣《えな》(胎児を包んでいた膜や胎盤など)を納めたり、鞍を置き始めると、一切の要求が成就されるとも言われている。この方位に行くことや、この方位を修繕、修理すると良いと言われている。天徳や月徳と同じ方位にある時は、さらに吉が増すとされる。

月の天道方は次の通りである。

（節切り＝二十四節気で見る。立春が正月）

正月―午方　二月―坤方　三月―子方
四月―酉方　五月―乾方　六月―卯方
七月―子方　八月―艮方　九月―午方
十月―卯方　十一月―巽方　十二月―酉方

○天徳《てんとく》　壬方　天徳も吉神の一つで火の神で相互に調和して万物の育成に徳があり、吉祥慶福の神である。出産後、胞衣（胎盤など）を納めるのに吉日とされている。また建築、移転にも吉であり、六大方殺以外の凶神と重なっても吉とする。

月の天徳方は次の通りである。

（節切り＝二十四節気で見る。立春が正月）

正月―丁方　二月―坤方　三月―壬方
四月―辛方　五月―乾方　六月―艮方
七月―癸方　八月―艮方　九月―丙方
十月―乙方　十一月―巽方　十二月―庚方

一月―壬方　二月―なし　三月―丁方
四月―丙方　五月―なし　六月―巳方

七月─戌方　八月─なし　九月─辛方
十月─庚方　十一月─なし　十二月─乙方

○**月徳合《げっとくごう》　丁方**　月徳より一枚下の吉方神で、月徳と同じような作用があると言われている。

○**奏書《そうしょ》　北東方**　奏書とはもともと、天子に奉る書のことであるが、方位神としては、太歳神の秘書官で善事を行う方位に吉とされる。土を動かすこと(動土)は凶となる。家屋の修繕などは吉。

○**博士《はくし》　南西方**　吉神で「はかせ」とも言い、奏書の反対方位に位置する。太歳神に従う学問の神と言われている。この方位は万事に吉だが、動土・植栽・井戸掘りには凶とされる。

●**災殺《さいさつ》　午方**　●**劫殺《ごうさつ》　巳方**　災殺・劫殺共に歳破に次ぐ凶神で、この方位に向っての普請、修繕、造作・動土などは凶とされる。この凶方位を犯すと、強盗、殺傷の禍があるとされている。

●**病符《びょうふ》　卯方**　凶神でこの方位に向って、新規事を始めると、病気・災害を被るとされている。

●**死符《しふ》　酉方**　死符は前年の歳破神に位置し、それらの影響が次の年も残り、災いがあるとされる方位である。この方位に向って、墓を建てたり、井戸掘りなど、土を動かしたりすることは、これを犯すと亡くなる人が出るという凶方である。

●**白虎《びゃっこ》　子方**　金性の凶神で殺伐の気が盛んで、この方位に向っての普請・動土は避けるべきとされる。また、白虎神は血の神で婦人の産事を司ると言われている。また、この方位を犯すと病気や死人が出るとも言われている。

●**力士《りきし》　南東(巽)方**　凶神で殺戮を司る。この方位を犯せば、大きな災禍に見舞われると言われている。この方位の普請、修繕、動土などすべてに置いて凶となり、五黄殺に遇えば、災禍は計り知れないと言われている。

●**都天殺《とてんさつ》　辰・巳方**　都天殺は、凶神で五黄殺に次ぐ凶方とされており、この方位に向って何事もなすことを忌む凶方位で、もし犯せば、大きな災禍を及ぼすと言われている。五黄殺と遇った時にこの方位を犯せば、災禍は計り知れないとも言われる。

●**坐殺《ざさつ》**　別名「三殺《さんさつ》」と言い、年によって家や墓を、三殺を背にして建ててはいけないという方位である。また、三殺を背にして建っている家や墓の改修などをしてはいけない。（一二二頁参照）

●**五黄殺《ごおうさつ》　西方**　九星紫白で五黄土星が回座している方位で、通常は中央に位置し、土性の強い星で、すべてを壊してしまう凶神であるため、この方位を犯すと、大きな災禍に見舞われると言われている。この凶神はいかなる吉神でも押さえることができないとも言われている。この方位への移転、移住、動土は特に強い凶作用をもたらし、その他この方位に向って事を起こすことはすべて大凶となる。

●**暗剣殺《あんけんさつ》　東方**　暗剣殺は常に五黄殺の反対側に在り、五黄殺と共に大凶の方位である。この方位は、名前が示すとおりに、闇から急に襲われるような災禍に遭う方位で、この方位を犯すと、降って湧いたような難病、家庭不和、事業の失敗などを被ることとなる。従って、この方位に向っての、結婚、普請、造作、修理、伐採、移転、植栽、動土は避けるべきである。

●**本命殺《ほんめいさつ》**　自分の九星紫白が廻っている方位で、この方位に向かって、普請、造作、修理、伐木、旅行、結婚、植栽、植え替え、動土など、全般に犯してはいけない方位となる。またこの方位は、健康に関係すると言われ、この方位を犯せば必ず病気になるとも言われている。

●**本命的殺**《ほんめいてきさつ》　本命星の位置する方位と常に反対側に在り、この方位に相剋の星があると、凶意は倍増し、相生の星であれば、凶意は比較的軽くなると言われている。凶意は本命星とほぼ同じである。

第三章

二〇二四年

玄空風水暦

２０２３年１２月～２０２５年２月

二〇二三年 十二月 師走

大雪正節 十二月 七日 十八時三十三分 二五五度
冬至中気 十二月二十二日 十二時二十七分 二七〇度

	癸卯年	甲子月
中宮	四緑中宮（五黄北西）	七赤中宮（五黄東）
冲	酉	午
正冲	丁酉	戊午
煞	西	南
財神	南	南東
喜神	南東	北東
休門・生門・開門	博士南西	博士南東
旧暦・六曜	力士南東	三殺南
廿八宿	井	牛
納音	金	金
玄空大卦	8（七）帰妹 年	1（一）坤 月

日	曜日	干支	九星	烏兎	烏兎時	行事	メモ	冲	正冲	煞	財神	喜神	休門	生門	開門	旧暦	六曜	建除	廿八宿	納音	玄空大卦
1日	金	癸巳	四緑	太陰	午	天一天上 旧十月大		亥	丁亥	東	南	南東	東北	東	北	十九	仏滅	破	婁	水	4（六）夬
2日	土	甲午	三碧	水星	寅亥	不成就日 旧えびす講		子	戊子	北	南東	北東	西	北西	南西	廿	大安	危	胃	金	9（一）乾
3日	日	乙未	二黒	火星	未			丑	己丑	西	南東	北西	西	北西	南西	廿一	赤口	成	昴	金	7（六）井
4日	月	丙申	一白	太陽	辰			寅	庚寅	南	西	南西	西	北西	南西	廿二	先勝	納	畢	火	8（四）解
5日	火	丁酉	九紫	金星	未	◑下弦十四時四十九分 一粒万倍日 納めの水天宮		卯	辛卯	東	西	南	北西	北	西	廿三	友引	開	觜	火	4（九）咸
6日	水	戊戌	八白	羅睺	丑戌	一粒万倍日		辰	壬辰	北	北	南東	北西	北	西	廿四	先負	閉	参	木	1（六）謙
7日	木	己亥	七赤	土星	辰	大雪十八時三十三分 一粒万倍日		巳	癸巳	西	北	北東	北西	北	西	廿五	仏滅	閉	井	木	2（二）観
8日	金	庚子	六白	計都	卯	事納め 針供養 一粒万倍日		午	甲午	南	東	北西	東南	南	東	廿六	大安	建	鬼	土	2（九）益
9日	土	辛丑	五黄	木星	子酉			未	乙未	東	東	南西	東南	南	東	廿七	赤口	除	柳	土	1（三）明夷
10日	日	壬寅	四緑	太陰	寅亥	納めの金毘羅 不成就日 三隣亡		申	丙申	北	南	南	東南	南	東	廿八	先勝	満	星	金	9（七）同人
11日	月	癸卯	三碧	水星	巳			酉	丁酉	西	南	南東	東	東南	東北	廿九	友引	平	張	金	8（七）帰妹
12日	火	甲辰	二黒	火星	申			戌	戊戌	南	南東	北東	東	東南	東北	卅	先負	定	翼	火	3（二）睽
13日	水	乙巳	一白	太陽	申	●朔八時三十一分 旧十一月小		亥	己亥	東	南東	北西	東	東南	東北	初一	大安	執	軫	火	7（三）需

14日	木	丙午	九紫	金星	巳		子	庚子	北	西	南西	南西	西	南	初二	赤口	破	角	水	4 (三)大過
15日	金	丁未	八白	羅睺	午		丑	辛丑	西	西	南	南西	西	南	初三	先勝	危	亢	水	6 (七)蠱
16日	土	戊申	七赤	土星	子酉		寅	壬寅	南	北	南東	南西	西	南	初四	友引	成	氐	土	2 (六)渙
17日	日	己酉	六白	計都	卯	不成就日	卯	癸卯	東	北	北東	北	北東	北西	初五	先負	納	房	土	3 (八)旅
18日	月	庚戌	五黄	木星	辰	納めの観音	辰	甲辰	北	東	北西	北	北東	北西	初六	仏滅	開	心	金	9 (九)否
19日	火	辛亥	四緑	太陰	丑戌	一粒万倍日	巳	乙巳	西	東	南西	北	北東	北西	初七	大安	閉	尾	金	7 (七)比
20日	水	壬子	三碧	水星	丑戌	◐上弦三時三十九分 八専始め 一粒万倍日	午	丙午	南	南	南	南	南西	東南	初八	赤口	建	箕	木	8 (一)震
21日	木	癸丑	二黒	火星	辰	納めの大師	未	丁未	東	南	南東	南	南西	東南	初九	先勝	除	斗	木	6 (八)賁
22日	金	甲寅	一白	太陽	未	冬至十二時二十七分 ゆず湯 三隣亡	申	戊申	北	南東	北東	南	南西	東南	初十	友引	満	牛	水	7 (九)既済
23日	土	乙卯	九紫	金星	子酉		酉	己酉	西	南東	北西	東北	東	北	十一	先負	平	女	水	1 (四)臨
24日	日	丙辰	八白	羅睺	午	クリスマス・イブ 納めの地蔵	戌	庚戌	南	西	南西	東北	東	北	十二	仏滅	定	虚	土	4 (一)兌
25日	月	丁巳	七赤	土星	巳	クリスマス 不成就日	亥	辛亥	東	西	南	東北	東	北	十三	大安	執	危	土	2 (八)小畜
26日	火	戊午	六白	計都	申		子	壬子	北	北	南東	西	北西	南西	十四	赤口	破	室	火	3 (四)鼎
27日	水	己未	五黄	木星	寅亥	○望九時三十三分	丑	癸丑	西	北	北東	西	北西	南西	十五	先勝	危	壁	火	1 (二)升
28日	木	庚申	四緑	太陰	巳	庚申 納めの不動	寅	甲寅	南	東	北西	西	北西	南西	十六	友引	成	奎	木	7 (一)坎
29日	金	辛酉	三碧	水星	寅亥		卯	乙卯	東	東	南西	北西	北	西	十七	先負	納	婁	木	8 (三)小過
30日	土	壬戌	二黒	火星	子酉		辰	丙辰	北	南	南	北西	北	西	十八	仏滅	開	胃	水	4 (四)萃
31日	日	癸亥	一白	太陽	卯	年越し 大祓い 九星陰遁終り 八専終り 一粒万倍日	巳	丁巳	西	南	南東	北西	北	西	十九	大安	閉	昴	水	6 (六)剥

二〇二四年 一月 睦月

小寒正節 一月 六日 五時四十九分 二八五度
大寒中気 一月二十日 二十三時七分 三〇〇度

	九星	冲	正冲	煞	財神	喜神	休門・生門・開門	旧暦・六曜・建除	廿八宿	納音	玄空大卦
癸卯年	四緑中宮（五黄北西）	酉	丁酉	西	南	南東	博士南西	力士南東	井	金	8 (七)帰妹年
乙丑月	六白中宮（五黄南東）	未	己未	東	南東	北西	博士南東	三殺東	女	金	3 (六)噬嗑月

日	曜日	干支	九星	烏兎	烏兎時	行事 メモ	冲	正冲	煞	財神	喜神	休門	生門	開門	旧暦	六曜	建除	廿八宿	納音	玄空大卦
1日	㊊	甲子	一白	**金星**	**午**	◙**正月** 元日 九星陽遁始め 一粒万倍日 天赦日 旧十一月小	午	戊午	南	南東	北東	北	北東	北西	廿	赤口	建	畢	金	1 (一)坤
2日	火	乙丑	二黒	羅睺	丑戌	不成就日	未	己未	東	南東	北西	北	北東	北西	廿一	先勝	除	觜	金	3 (六)噬嗑
3日	水	丙寅	三碧	土星	未	三隣亡	申	庚申	北	西	南西	北	北東	北西	廿二	友引	満	参	火	2 (四)家人
4日	木	丁卯	四緑	計都	辰	◑下弦十二時三十一分	酉	辛酉	西	西	南	南西	西	南	廿三	先負	平	井	火	6 (九)損
5日	金	戊辰	五黄	**木星**	**未**		戌	壬戌	南	北	南東	南西	西	南	廿四	仏滅	定	鬼	木	9 (六)履
6日	土	己巳	六白	**太陰**	**丑戌**	小寒五時四十九分	亥	癸亥	東	北	北東	南西	西	南	廿五	大安	定	柳	木	8 (二)大壮
7日	日	庚午	七赤	**水星**	**午**	七草 三隣亡 大犯土始まり	子	甲子	北	東	北西	東	南東	北東	廿六	赤口	執	星	土	8 (九)恒
8日	㊊	辛未	八白	火星	卯	◙**成人の日**	丑	乙丑	西	東	南西	東	南東	北東	廿七	先勝	破	張	土	9 (三)訟
9日	火	壬申	九紫	**太陽**	**申**		寅	丙寅	南	南	南	東	南東	北東	廿八	友引	危	翼	金	1 (七)師
10日	水	癸酉	一白	**金星**	**寅亥**	不成就日	卯	丁卯	東	南	南東	南東	南	東	廿九	先負	成	軫	金	2 (七)漸
11日	木	甲戌	二黒	**太陰**	**丑戌**	●**朔二十時五十八分** 鏡開き **旧十二月大**	辰	戊辰	北	南東	北東	南東	南	東	**初一**	赤口	納	角	火	7 (二)蹇
12日	金	乙亥	三碧	**木星**	**辰**		巳	己巳	西	南東	北西	南東	南	東	初二	先勝	開	亢	火	3 (三)晋
13日	土	丙子	四緑	計都	申	一粒万倍日 大犯土終り	午	庚午	南	西	南西	北西	北	西	初三	友引	閉	氐	水	6 (三)頤

14日	日	丁丑	五黄	土星	巳	間日	未	辛未	東	西	南	北西	北	西	初四	先負	建	房	水	4（七）随
15日	月	戊寅	六白	羅睺	丑戌	小犯土始まり	申	壬申	北	北	南東	北西	北	西	初五	仏滅	除	心	土	8（六）豊
16日	火	己卯	七赤	**金星**	**午**	一粒万倍日 不成就日	酉	癸酉	西	北	北東	西	北西	南西	初六	大安	満	尾	土	7（八）節
17日	水	庚辰	八白	**太陽**	**申**		戌	甲戌	南	東	北西	西	北西	南西	初七	赤口	平	箕	金	1（九）泰
18日	木	辛巳	九紫	火星	卯	◐上弦十二時五十三分 土用入り	亥	乙亥	東	東	南西	西	北西	南西	初八	先勝	定	斗	金	3（七）大有
19日	金	壬午	一白	**水星**	**丑戌**		子	丙子	北	南	南	北東	東	北	初九	友引	執	牛	木	2（一）巽
20日	土	癸未	二黒	**太陰**	**午**	大寒二十三時七分	丑	丁丑	西	南	南東	北東	東	北	初十	先負	破	女	木	4（八）困
21日	日	甲申	三碧	**木星**	**寅亥**	十方暮入り 小犯土終り	寅	戊寅	南	南東	北東	北東	東	北	十一	仏滅	危	虚	水	3（九）未済
22日	月	乙酉	四緑	計都	卯		卯	己卯	東	南東	北西	南	南西	南東	十二	大安	成	危	水	9（四）遯
23日	火	丙戌	五黄	土星	未		辰	庚辰	北	西	南西	南	南西	南東	十三	赤口	納	室	土	6（一）艮
24日	水	丁亥	六白	羅睺	午	不成就日	巳	辛巳	西	西	南	南	南西	南東	十四	先勝	開	壁	土	8（八）豫
25日	木	戊子	七赤	**金星**	**寅亥**	一粒万倍日	午	壬午	南	北	南東	北	北東	北西	十五	友引	閉	奎	火	7（四）屯
26日	金	己丑	八白	**太陽**	**未**	○望二時五十四分 土用の丑の日	未	癸未	東	北	北東	北	北東	北西	十六	先負	建	婁	火	9（二）无妄
27日	土	庚寅	九紫	火星	未		申	甲申	北	東	北西	北	北東	北西	十七	仏滅	除	胃	木	3（一）離
28日	日	辛卯	一白	**水星**	**寅亥**	一粒万倍日	酉	乙酉	西	東	南西	南西	西	南	十八	大安	満	昴	木	2（三）中孚
29日	月	壬辰	二黒	**太陰**	**寅亥**		戌	丙戌	南	南	南	南西	西	南	十九	赤口	平	畢	水	6（四）大畜
30日	火	癸巳	三碧	**木星**	**未**		亥	丁亥	東	南	南東	南西	西	南	廿	先勝	定	觜	水	4（六）夬
31日	水	甲午	四緑	計都	卯	三隣亡	子	戊子	北	南東	北東	東	南東	北東	廿一	友引	執	参	金	9（一）乾

二〇二四年 二月 如月

立春正節 二月四日 十七時二十七分 三一五度
雨水中気 二月十九日 十三時十三分 三三〇度

日	曜日	干支	九星	烏兎	烏兎時	行事	メモ	冲	正冲	煞	財神	喜神	休門	生門	開門	旧暦	六曜	建除	廿八宿	納音	玄空大卦
甲辰年		三碧中宮（五黄西）						戌	戊戌	南	南東	北東	博士南西		力士南東				鬼	火	3 (二)睽 年
丙寅月		五黄中宮（五黄中宮）						申	庚申	北	西	南西	博士南西		三殺北				鬼	火	2 (四)家人 月
1日	木	乙未	五黄	土星	寅亥	不成就日 旧正月小		丑	己丑	西	南東	北西	東	南東	北東	廿二	先負	破	井	金	7 (六)井
2日	金	丙申	六白	羅睺	午			寅	庚寅	南	西	南西	東	南東	北東	廿三	仏滅	危	鬼	火	8 (四)解
3日	土	丁酉	七赤	金星	未	節分 ◑下弦八時十八分		卯	辛卯	東	西	南	南東	南	東	廿四	大安	成	柳	火	4 (九)咸
4日	日	戊戌	八白	太陽	卯	立春十七時二十七分		辰	壬辰	北	北	南東	南東	南	東	廿五	赤口	成	星	木	1 (六)謙
5日	月	己亥	九紫	火星	申	三隣亡		巳	癸巳	西	北	北東	南東	南	東	廿六	先勝	納	張	木	2 (二)観
6日	火	庚子	一白	水星	午			午	甲午	南	東	北西	北西	北	西	廿七	友引	開	翼	土	2 (九)益
7日	水	辛丑	二黒	太陰	丑戌	一粒万倍日		未	乙未	東	東	南西	北西	北	西	廿八	先負	閉	軫	土	1 (三)明夷
8日	木	壬寅	三碧	木星	卯			申	丙申	北	南	南	北西	北	西	廿九	仏滅	建	角	金	9 (七)同人
9日	金	癸卯	四緑	計都	申	不成就日		酉	丁酉	西	南	南東	西	北西	南西	卅	大安	除	亢	金	8 (七)帰妹
10日	土	甲辰	五黄	太陽	未	●朔七時五十九分		戌	戊戌	南	南東	北東	西	北西	南西	初一	先勝	満	氐	火	3 (二)睽
11日	㊐	乙巳	六白	火星	未	建国記念の日		亥	己亥	東	南東	北西	西	北西	南西	初二	友引	平	房	火	7 (三)需
12日	㊊	丙午	七赤	水星	寅亥	振替休日 一粒万倍日 不成就日		子	庚子	北	西	南西	北東	東	北	初三	先負	定	心	水	4 (三)大過
13日	火	丁未	八白	太陰	寅亥			丑	辛丑	西	西	南	北東	東	北	初四	仏滅	執	尾	水	6 (七)蠱

14日	水	戊申	九紫	**木星**	**未**	天一天上終り	寅	壬寅	南	北	南東	北東	東	北	初五	大安	破	箕	土	2 (六)渙
15日	木	己酉	一白	計都	卯		卯	癸卯	東	北	北東	南	南西	南東	初六	赤口	危	斗	土	3 (八)旅
16日	金	庚戌	二黒	土星	寅亥		辰	甲辰	北	東	北西	南	南西	南東	初七	先勝	成	牛	金	9 (九)否
17日	土	辛亥	三碧	羅睺	午	◐上弦〇時一分 三隣亡	巳	乙巳	西	東	南西	南	南西	南東	初八	友引	納	女	金	7 (七)比
18日	日	壬子	四緑	**金星**	**未**	八専始め	午	丙午	南	南	南	北	北東	北西	初九	先負	開	虚	木	8 (一)震
19日	月	癸丑	五黄	**太陽**	**卯**	雨水十三時十三分 一粒万倍日	未	丁未	東	南	南東	北	北東	北西	初十	仏滅	閉	危	木	6 (八)賁
20日	火	甲寅	六白	火星	申	不成就日	申	戊申	北	南東	北東	北	北東	北西	十一	大安	建	室	水	7 (九)既済
21日	水	乙卯	七赤	**水星**	**午**		酉	己酉	西	南東	北西	南西	西	南	十二	赤口	除	壁	水	1 (四)臨
22日	木	丙辰	八白	**太陰**	**丑戌**	八専間日	戌	庚戌	南	西	南西	南西	西	南	十三	先勝	満	奎	土	4 (一)兌
23日	㊎	丁巳	九紫	**木星**	**卯**	**天皇誕生日**	亥	辛亥	東	西	南	南西	西	南	十四	友引	平	婁	土	2 (八)小畜
24日	土	戊午	一白	計都	申	〇望二十一時三十一分 一粒万倍日	子	壬子	北	北	南東	東	南東	北東	十五	先負	定	胃	火	3 (四)鼎
25日	日	己未	二黒	土星	辰		丑	癸丑	西	北	北東	東	南東	北東	十六	仏滅	執	昴	火	1 (二)升
26日	月	庚申	三碧	羅睺	丑戌		寅	甲寅	南	東	北西	東	南東	北東	十七	大安	破	畢	木	7 (一)坎
27日	火	辛酉	四緑	**金星**	**巳**		卯	乙卯	東	東	南西	南東	南	東	十八	赤口	危	觜	木	8 (三)小過
28日	水	壬戌	五黄	**太陽**	**申**	不成就日	辰	丙辰	北	南	南	南東	南	東	十九	先勝	成	参	水	4 (四)萃
29日	木	癸亥	六白	火星	辰	三隣亡 八専終り	巳	丁巳	西	南	南東	南東	南	東	廿	友引	納	井	水	6 (六)剝

二〇二四年 三月 弥生

啓蟄正節 三月 五日 十一時二十三分 三四五度

春分中気 三月二十日 十二時六分 〇度

日	曜日	干支	九星	烏兎	烏兎時	行事	メモ	冲	正冲	煞	財神	喜神	休門	生門	開門	旧暦	六曜	建除	廿八宿	納音	玄空大卦
甲辰年		三碧中宮（五黄西）						戌	戊戌	南	南東	北東	博士南西			力士南東			鬼	火	3 (二)睽 年
丁卯月		四緑中宮（五黄東南）						酉	辛酉	西	西	南	博士南西			三殺西			柳	火	6 (九)損 月
1日	金	甲子	七赤	水星	子酉	甲子 旧正月小		午	戊午	南	南東	北東	北	北東	北西	廿一	先負	開	鬼	金	1 (一)坤
2日	土	乙丑	八白	太陰	巳	一粒万倍日		未	己未	東	南東	北西	北	北東	北西	廿二	仏滅	閉	柳	金	3 (六)噬嗑
3日	日	丙寅	九紫	木星	子酉	ひな祭		申	庚申	北	西	南西	北	北東	北西	廿三	大安	建	星	火	2 (四)家人
4日	月	丁卯	一白	計都	辰	◑下弦〇時二十三分		酉	辛酉	西	西	南	南西	西	南	廿四	赤口	除	張	火	6 (九)損
5日	火	戊辰	二黒	土星	子酉	啓蟄十一時二十三分		戌	壬戌	南	北	南東	南西	西	南	廿五	先勝	除	翼	木	9 (六)履
6日	水	己巳	三碧	羅睺	巳	己巳		亥	癸亥	東	北	北東	南西	西	南	廿六	友引	満	軫	木	8 (二)大壮
7日	木	庚午	四緑	金星	子酉	大犯土始まり 不成就日		子	甲子	北	東	北西	東	南東	北東	廿七	先負	平	角	土	8 (九)恒
8日	金	辛未	五黄	太陽	辰			丑	乙丑	西	東	南西	東	南東	北東	廿八	仏滅	定	亢	土	9 (三)訟
9日	土	壬申	六白	火星	子酉			寅	丙寅	南	南	南	東	南東	北東	廿九	大安	執	氐	金	1 (七)師
10日	日	癸酉	七赤	火星	辰	●朔十八時〇〇分		卯	丁卯	東	南	南東	南東	南	東	初一	友引	破	房	金	2 (七)漸
11日	月	甲戌	八白	水星	子酉	一粒万倍日 旧二月大		辰	戊辰	北	南東	北東	南東	南	東	初二	先負	危	心	火	7 (二)蹇
12日	火	乙亥	九紫	太陰	巳	不成就日		巳	己巳	西	南東	北西	南東	南	東	初三	仏滅	成	尾	火	3 (三)晋
13日	水	丙子	一白	木星	子酉	大犯土終り		午	庚午	南	西	南西	北西	北	西	初四	大安	納	箕	水	6 (三)頤

14日	木	丁丑	二黒	計都	辰	間日	未	辛未	東	西	南	北西	北	西	初五	赤口	開	斗	水	4（七）随
15日	金	戊寅	三碧	土星	子酉	天赦日 小犯土始まり 三隣亡 一粒万倍日	申	壬申	北	北	南東	北西	北	西	初六	先勝	閉	牛	土	8（六）豊
16日	土	己卯	四緑	羅睺	巳		酉	癸酉	西	北	北東	西	北西	南西	初七	友引	建	女	土	7（八）節
17日	日	庚辰	五黄	金星	子酉	◐上弦十三時十一分 三隣亡 彼岸入り 旧事始め 旧針供養	戌	甲戌	南	東	北西	西	北西	南西	初八	先負	除	虚	金	1（九）泰
18日	月	辛巳	六白	太陽	辰		亥	乙亥	東	東	南西	西	北西	南西	初九	仏滅	満	危	金	3（七）大有
19日	火	壬午	七赤	火星	子酉	旧初午 不成就日	子	丙子	北	南	南	北東	東	北	初十	大安	平	室	木	2（一）巽
20日	㊌	癸未	八白	水星	巳	**春分の日** 春分十二時六分 彼岸中日	丑	丁丑	西	南	南東	北東	東	北	十一	赤口	定	壁	木	4（八）困
21日	木	甲申	九紫	太陰	丑戌	十方暮入り 小犯土終り	寅	戊寅	南	南東	北東	北東	東	北	十二	先勝	執	奎	水	3（九）未済
22日	金	乙酉	一白	木星	辰	一粒万倍日	卯	己卯	東	南東	北西	南	南西	南東	十三	友引	破	婁	水	9（四）遯
23日	土	丙戌	二黒	計都	申	彼岸明け	辰	庚辰	北	西	南西	南	南西	南東	十四	先負	危	胃	土	6（一）艮
24日	日	丁亥	三碧	土星	巳		巳	辛巳	西	西	南	南	南西	南東	十五	仏滅	成	昴	土	8（八）豫
25日	月	戊子	四緑	羅睺	丑戌	○望十六時〇〇分	午	壬午	南	北	南東	北	北東	北西	十六	大安	納	畢	火	7（四）屯
26日	火	己丑	五黄	金星	午		未	癸未	東	北	北東	北	北東	北西	十七	赤口	開	觜	火	9（二）无妄
27日	水	庚寅	六白	太陽	申	三隣亡 不成就日 一粒万倍日	申	甲申	北	東	北西	北	北東	北西	十八	先勝	閉	参	木	3（一）離
28日	木	辛卯	七赤	火星	卯		酉	乙酉	西	東	南西	南西	西	南	十九	友引	建	井	木	2（三）中孚
29日	金	壬辰	八白	水星	丑戌		戌	丙戌	南	南	南	南西	西	南	廿	先負	除	鬼	水	6（四）大畜
30日	土	癸巳	九紫	太陰	午	天一天上	亥	丁亥	東	南	南東	南西	西	南	廿一	仏滅	満	柳	水	4（六）夬
31日	日	甲午	一白	木星	寅亥	旧二の午	子	戊子	北	南東	北東	東	南東	北東	廿二	大安	平	星	金	9（一）乾

二〇二四年　四月　卯月

清明正節　四月　四日　十六時二分　一五度
穀雨中気　四月十九日　二十三時〇〇分　三〇度

	甲辰年	戊辰月
九星	三碧中宮（五黄西）	三碧中宮（五黄西）
冲	戌	戌
正冲	戊戌	壬戌
煞	南	南
財神	南東	北
喜神	北東	南東
休門・生門	博士南西	博士南西
開門・旧暦・六曜	力士南東	三殺南
廿八宿	鬼	星
納音	火	木
玄空大卦	3 (二)睽 年	9 (六)履 月

日	曜日	干支	九星	烏兎	烏兎時	行事	メモ	冲	正冲	煞	財神	喜神	休門	生門	開門	旧暦	六曜	建除	廿八宿	納音	玄空大卦
1日	月	乙未	二黒	計都	卯	新年度 旧二月大		丑	己丑	西	南東	北西	東	南東	北東	廿三	赤口	定	張	金	7 (六)井
2日	火	丙申	三碧	土星	未	◑下弦十二時十五分		寅	庚寅	南	西	南西	東	南東	北東	廿四	先勝	執	翼	火	8 (四)解
3日	水	丁酉	四緑	羅睺	午	一粒万倍日		卯	辛卯	東	西	南	南東	南	東	廿五	友引	破	軫	火	4 (九)咸
4日	木	戊戌	五黄	金星	寅亥	清明十六時二分 不成就日		辰	壬辰	北	北	南東	南東	南	東	廿六	先負	破	角	木	1 (六)謙
5日	金	己亥	六白	太陽	未			巳	癸巳	西	北	北東	南東	南	東	廿七	仏滅	危	亢	木	2 (二)観
6日	土	庚子	七赤	火星	未	一粒万倍日		午	甲午	南	東	北西	北西	北	西	廿八	大安	成	氐	土	2 (九)益
7日	日	辛丑	八白	水星	寅亥			未	乙未	東	東	南西	北西	北	西	廿九	赤口	納	房	土	1 (三)明夷
8日	月	壬寅	九紫	太陰	寅亥			申	丙申	北	南	南	北西	北	西	卅	先勝	開	心	金	9 (七)同人
9日	火	癸卯	一白	水星	巳	●朔三時二十一分 不成就日 一粒万倍日 旧三月小		酉	丁酉	西	南	南東	西	北西	南西	初一	先負	閉	尾	金	8 (七)帰妹
10日	水	甲辰	二黒	太陰	丑戌			戌	戊戌	南	南東	北東	西	北西	南西	初二	仏滅	建	箕	火	3 (二)睽
11日	木	乙巳	三碧	木星	辰	旧ひな祭り		亥	己亥	東	南東	北西	西	北西	南西	初三	大安	除	斗	火	7 (三)需
12日	金	丙午	四緑	計都	申	三隣亡		子	庚子	北	西	南西	北東	東	北	初四	赤口	満	牛	水	4 (三)大過
13日	土	丁未	五黄	土星	巳	十三詣り		丑	辛丑	西	西	南	北東	東	北	初五	先勝	平	女	水	6 (七)蠱

14日	日	戊申	六白	羅睺	丑戌		寅	壬寅	南	北	南東	北東	東	北	初六	友引	定	虚	土	2	(六)渙
15日	月	己酉	七赤	金星	午		卯	癸卯	東	北	北東	南	南西	南東	初七	先負	執	危	土	3	(八)旅
16日	火	庚戌	八白	太陽	申	◐上弦四時十三分 土用二十一時二十分	辰	甲辰	北	東	北西	南	南西	南東	初八	仏滅	破	室	金	9	(九)否
17日	水	辛亥	九紫	火星	卯	不成就日	巳	乙巳	西	東	南西	南	南西	南東	初九	大安	危	壁	金	7	(七)比
18日	木	壬子	一白	水星	丑戌	八専始め 一粒万倍日	午	丙午	南	南	南	北	北東	北西	初十	赤口	成	奎	木	8	(一)震
19日	金	癸丑	二黒	太陰	午	穀雨二十三時〇〇分	未	丁未	東	南	南東	北	北東	北西	十一	先勝	納	婁	木	6	(八)賁
20日	土	甲寅	三碧	木星	寅亥		申	戊申	北	南東	北東	北	北東	北西	十二	友引	開	胃	水	7	(九)既済
21日	日	乙卯	四緑	計都	卯	一粒万倍日	酉	己酉	西	南東	北西	南西	西	南	十三	先負	閉	昴	水	1	(四)臨
22日	月	丙辰	五黄	土星	未		戌	庚戌	南	西	南西	南西	西	南	十四	仏滅	建	畢	土	4	(一)兌
23日	火	丁巳	六白	羅睺	午		亥	辛亥	東	西	南	南西	西	南	十五	大安	除	觜	土	2	(八)小畜
24日	水	戊午	七赤	金星	寅亥	○望八時四十九分	子	壬子	北	北	南東	東	南東	北東	十六	赤口	満	参	火	3	(四)鼎
25日	木	己未	八白	太陽	未	不成就日	丑	癸丑	西	北	北東	東	南東	北東	十七	先勝	平	井	火	1	(二)升
26日	金	庚申	九紫	火星	未	庚申	寅	甲寅	南	東	北西	東	南東	北東	十八	友引	定	鬼	木	7	(一)坎
27日	土	辛酉	一白	水星	寅亥		卯	乙卯	東	東	南西	南東	南	東	十九	先負	執	柳	木	8	(三)小過
28日	日	壬戌	二黒	太陰	寅亥		辰	丙辰	北	南	南	南東	南	東	廿	仏滅	破	星	水	4	(四)萃
29日	㊊	癸亥	三碧	木星	未	◙昭和の日 八専終り	巳	丁巳	西	南	南東	南東	南	東	廿一	大安	危	張	水	6	(六)剝
30日	火	甲子	四緑	計都	卯	甲子 一粒万倍日	午	戊午	南	南東	北東	北	北東	北西	廿二	赤口	成	翼	金	1	(一)坤

二〇二四年 五月 皐月

立夏正節 五月 五日 九時十分 四五度
小満中気 五月二十日 二十二時〇〇分 六〇度

日	曜日	干支	九星	烏兎	烏兎時	行事	メモ	冲	正冲	煞	財神	喜神	休門	生門	開門	旧暦	六曜	建除	廿八宿	納音	玄空大卦
甲辰年			三碧中宮（五黄西）					戌	戊戌	南	南東	北東	博士南西			力士南東			鬼	火	3（二）睽 年
己巳月			二黒中宮（五黄北東）					亥	癸亥	東	北	北東	博士北西			三殺東			張	木	8（二）大壮 月
1日	水	乙丑	五黄	土星	寅亥	◑下弦二十時二十七分 八十八夜 旧三月小		未	己未	東	南東	北西	北	北東	北西	廿三	先勝	納	軫	金	3（六）噬嗑
2日	木	丙寅	六白	羅睺	午			申	庚申	北	西	南西	北	北東	北西	廿四	友引	開	角	火	2（四）家人
3日	㊎	丁卯	七赤	金星	未	憲法記念日 一粒万倍日 不成就日		酉	辛酉	西	西	南	南西	西	南	廿五	先負	閉	亢	火	6（九）損
4日	㊏	戊辰	八白	太陽	卯	みどりの日		戌	壬戌	南	北	南東	南西	西	南	廿六	仏滅	建	氐	木	9（六）履
5日	㊐	己巳	九紫	火星	申	こどもの日 端午 立夏九時十分 己巳		亥	癸亥	東	北	北東	南西	西	南	廿七	大安	建	房	木	8（二）大壮
6日	㊊	庚午	一白	水星	午	振替休日 大犯土始まり		子	甲子	北	東	北西	東	南東	北東	廿八	赤口	除	心	土	8（九）恒
7日	火	辛未	二黒	太陰	丑戌			丑	乙丑	西	東	南西	東	南東	北東	廿九	先勝	満	尾	土	9（三）訟
8日	水	壬申	三碧	計都	辰	●朔十二時二十二分 旧四月小		寅	丙寅	南	南	南	東	南東	北東	初一	仏滅	平	箕	金	1（七）師
9日	木	癸酉	四緑	土星	子酉			卯	丁卯	東	南	南東	南東	南	東	初二	大安	定	斗	金	2（七）漸
10日	金	甲戌	五黄	羅睺	巳			辰	戊辰	北	南東	北東	南東	南	東	初三	赤口	執	牛	火	7（二）蹇
11日	土	乙亥	六白	金星	子酉	三隣亡 不成就日		巳	己巳	西	南東	北西	南東	南	東	初四	先勝	破	女	火	3（三）晋
12日	日	丙子	七赤	太陽	辰	母の日 大犯土終り		午	庚午	南	西	南西	北西	北	西	初五	友引	危	虚	水	6（三）頤
13日	月	丁丑	八白	火星	子酉	間日		未	辛未	東	西	南	北西	北	西	初六	先負	成	危	水	4（七）随

14日	火	戊寅	九紫	水星	巳	小犯土始まり	申	壬申	北	北	南東	北西	北	西	初七	仏滅	納	室	土	8 (六)豊
15日	水	己卯	一白	太陰	丑戌	◐上弦二十時四十八分 一粒万倍日	酉	癸酉	西	北	北東	西	北西	南西	初八	大安	開	壁	土	7 (八)節
16日	木	庚辰	二黒	木星	辰	一粒万倍日	戌	甲戌	南	東	北西	西	北西	南西	初九	赤口	閉	奎	金	1 (九)泰
17日	金	辛巳	三碧	計都	申		亥	乙亥	東	東	南西	西	北西	南西	初十	先勝	建	婁	金	3 (七)大有
18日	土	壬午	四緑	土星	巳		子	丙子	北	南	南	北東	東	北	十一	友引	除	胃	木	2 (一)巽
19日	日	癸未	五黄	羅睺	丑戌	不成就日	丑	丁丑	西	南	南東	北東	東	北	十二	先負	満	昴	木	4 (八)困
20日	月	甲申	六白	金星	午	小満二十二時〇〇分 十方暮入り 小犯土終り	寅	戊寅	南	南東	北東	北東	東	北	十三	仏滅	平	畢	水	3 (九)未済
21日	火	乙酉	七赤	太陽	申		卯	己卯	東	南東	北西	南	南西	南東	十四	大安	定	觜	水	9 (四)遯
22日	水	丙戌	八白	火星	卯		辰	庚辰	北	西	南西	南	南西	南東	十五	赤口	執	参	土	6 (一)艮
23日	木	丁亥	九紫	水星	丑戌	○望二十二時五十三分 三隣亡	巳	辛巳	西	西	南	南	南西	南東	十六	先勝	破	井	土	8 (八)豫
24日	金	戊子	一白	太陰	午		午	壬午	南	北	南東	北	北東	北西	十七	友引	危	鬼	火	7 (四)屯
25日	土	己丑	二黒	木星	寅亥		未	癸未	東	北	北東	北	北東	北西	十八	先負	成	柳	火	9 (二)无妄
26日	日	庚寅	三碧	計都	卯		申	甲申	北	東	北西	北	北東	北西	十九	仏滅	納	星	木	3 (一)離
27日	月	辛卯	四緑	土星	未	一粒万倍日 不成就日	酉	乙酉	西	東	南西	南西	西	南	廿	大安	開	張	木	2 (三)中孚
28日	火	壬辰	五黄	羅睺	午	一粒万倍日	戌	丙戌	南	南	南	南西	西	南	廿一	赤口	閉	翼	水	6 (四)大畜
29日	水	癸巳	六白	金星	寅亥	天一天上	亥	丁亥	東	南	南東	南西	西	南	廿二	先勝	建	軫	水	4 (六)夬
30日	木	甲午	七赤	太陽	未	天赦日	子	戊子	北	南東	北東	東	南東	北東	廿三	友引	除	角	金	9 (一)乾
31日	金	乙未	八白	火星	未	◑下弦二時十三分	丑	己丑	西	南東	北西	東	南東	北東	廿四	先負	満	亢	金	7 (六)井

二〇二四年　六月　水無月

芒種正節　六月　五日　十三時十分　七五度

夏至中気　六月二十一日　五時五十一分　九〇度

日	曜日	干支	九星	烏兎	烏兎時	行事	メモ	冲	正冲	煞	財神	喜神	休門	生門	開門	旧暦	六曜	建除	廿八宿	納音	玄空大卦
甲辰年						三碧中宮（五黄西）		戊	戊戌	南	南東	北東	博士南西			力士南東			鬼	火	3 (二)睽 年
庚午月						一白中宮（五黄南）		子	甲子	北	東	北西	博士北西			三殺北			翼	土	8 (九)恒 月
1日	土	丙申	九紫	水星	寅亥	旧四月小		寅	庚寅	南	西	南西	西	北西	南西	廿五	仏滅	平	氐	火	8 (四)解
2日	日	丁酉	一白	太陰	寅亥			卯	辛卯	東	西	南	北西	北	西	廿六	大安	定	房	火	4 (九)咸
3日	月	戊戌	二黒	木星	未			辰	壬辰	北	北	南東	北西	北	西	廿七	赤口	執	心	木	1 (六)謙
4日	火	己亥	三碧	計都	卯	三隣亡 不成就日		巳	癸巳	西	北	北東	北西	北	西	廿八	先勝	破	尾	木	2 (二)観
5日	水	庚子	四緑	土星	寅亥	芒種十三時十分		午	甲午	南	東	北西	東南	南	東	廿九	友引	破	箕	土	2 (九)益
6日	木	辛丑	五黄	太陽	辰	●朔二十一時三十八分 旧五月大		未	乙未	東	東	南西	東南	南	東	初一	大安	危	斗	土	1 (三)明夷
7日	金	壬寅	六白	金星	未	三隣亡		申	丙申	北	南	南	東南	南	東	初二	赤口	成	牛	金	9 (七)同人
8日	土	癸卯	七赤	羅睺	丑戌			酉	丁酉	西	南	南東	東	東南	東北	初三	先勝	納	女	金	8 (七)帰妹
9日	日	甲辰	八白	土星	辰			戌	戊戌	南	南東	北東	東	東南	東北	初四	友引	開	虚	火	3 (二)睽
10日	月	乙巳	九紫	計都	卯	入梅十八時三十三分 一粒万倍日 不成就日	旧端午	亥	己亥	東	南東	北西	東	東南	東北	初五	先負	閉	危	火	7 (三)需
11日	火	丙午	一白	木星	子酉	一粒万倍日		子	庚子	北	西	南西	南西	西	南	初六	仏滅	建	室	水	4 (三)大過
12日	水	丁未	二黒	太陰	寅亥			丑	辛丑	西	西	南	南西	西	南	初七	大安	除	壁	水	6 (七)蠱
13日	木	戊申	三碧	水星	巳			寅	壬寅	南	北	南東	南西	西	南	初八	赤口	満	奎	土	2 (六)渙

14日	金	己酉	四緑	火星	申	◐上弦十四時十八分		卯	癸卯	東	北	北東	北	北東	北西	初九 先勝	平	婁	土	3 (八)旅
15日	土	庚戌	五黄	**太陽**	**申**			辰	甲辰	北	東	北西	北	北東	北西	初十 友引	定	胃	金	9 (九)否
16日	日	辛亥	六白	**金星**	**巳**	父の日		巳	乙巳	西	東	南西	北	北東	北西	十一 先負	執	昴	金	7 (七)比
17日	月	壬子	七赤	羅睺	午	八専始め		午	丙午	南	南	南	南	南西	東南	十二 仏滅	破	畢	木	8 (一)震
18日	火	癸丑	八白	土星	子酉	不成就日		未	丁未	東	南	南東	南	南西	東南	十三 大安	危	觜	木	6 (八)賁
19日	水	甲寅	九紫	計都	卯	三隣亡		申	戊申	北	南東	北東	南	南西	東南	十四 赤口	成	参	水	7 (九)既済
20日	木	乙卯	一白	**木星**	**辰**			酉	己酉	西	南東	北西	東北	東	北	十五 先勝	納	井	水	1 (四)臨
21日	金	丙辰	二黒	**太陰**	**丑戌**	夏至五時五十一分		戌	庚戌	南	西	南西	東北	東	北	十六 友引	開	鬼	土	4 (一)兌
22日	土	丁巳	三碧	**水星**	**丑戌**	○望十時八分 一粒万倍日		亥	辛亥	東	西	南	東北	東	北	十七 先負	閉	柳	土	2 (八)小畜
23日	日	戊午	四緑	火星	辰	不成就日		子	壬子	北	北	南東	西	北西	南西	十八 仏滅	建	星	火	3 (四)鼎
24日	月	己未	五黄	**太陽**	**未**			丑	癸丑	西	北	北東	西	北西	南西	十九 大安	除	張	火	1 (二)升
25日	火	庚申	六白	**金星**	**子酉**	庚申		寅	甲寅	南	東	北西	西	北西	南西	廿 赤口	満	翼	木	7 (一)坎
26日	水	辛酉	七赤	羅睺	午	不成就日		卯	乙卯	東	東	南西	北西	北	西	廿一 先勝	平	軫	木	8 (三)小過
27日	木	壬戌	八白	土星	巳			辰	丙辰	北	南	南	北西	北	西	廿二 友引	定	角	水	4 (四)萃
28日	金	癸亥	九紫	計都	申	八専終り		巳	丁巳	西	南	南東	北西	北	西	廿三 先負	執	亢	水	6 (六)剥
29日	土	甲子	九紫	**木星**	**寅亥**	◑下弦六時五十三分 甲子	九星陰遁始め	午	戊午	南	南東	北東	南	南西	東南	廿四 仏滅	破	氐	金	1 (一)坤
30日	日	乙丑	八白	**太陰**	**巳**	夏の大祓い 夏越祭		未	己未	東	南東	北西	南	南西	東南	廿五 大安	危	房	金	3 (六)噬嗑

二〇二四年 七月 文月

甲辰年	三碧中宮（五黄西）	
辛未月	九紫中宮（五黄北）	

小暑正節 七月 六日 二十三時二十分 一〇五度
大暑中気 七月二十二日 十六時四十四分 一二〇度

	冲	正冲	煞	財神	喜神	休門・生門・開門	旧暦・六曜	廿八宿	納音	玄空大卦
甲辰年	戌	戊戌	南	南東	北東	博士南西	力士南東	鬼	火	3（二）睽 年
辛未月	丑	乙丑	西	東	南西	博士北西	三殺西	軫	土	9（三）訟 月

日	曜日	干支	九星	烏兎	烏兎時	行事	メモ	冲	正冲	煞	財神	喜神	休門	生門	開門	旧暦	六曜	建除	廿八宿	納音	玄空大卦
1日	月	丙寅	七赤	**水星**	**寅亥**	半夏生 三隣亡 **旧五月大**		申	庚申	北	西	南西	南	南西	東南	廿六	赤口	成	心	火	2（四）家人
2日	火	丁卯	六白	火星	子酉			酉	辛酉	西	西	南	東北	東	北	廿七	先勝	納	尾	火	6（九）損
3日	水	戊辰	五黄	**太陽**	**卯**			戌	壬戌	南	北	南東	東北	東	北	廿八	友引	開	箕	木	9（六）履
4日	木	己巳	四緑	**金星**	**午**	己巳 一粒万倍日 不成就日		亥	癸亥	東	北	北東	東北	東	北	廿九	先負	閉	斗	木	8（二）大壮
5日	金	庚午	三碧	羅睺	丑戌	大犯土始まり 一粒万倍日		子	甲子	北	東	北西	西	北西	南西	卅	仏滅	建	牛	土	8（九）恒
6日	土	辛未	二黒	計都	申	小暑二十三時二十分 **●朔七時五十七分**	旧六月小	丑	乙丑	西	東	南西	西	北西	南西	初一	赤口	建	女	土	9（三）訟
7日	日	壬申	一白	**木星**	**卯**	七夕		寅	丙寅	南	南	南	西	北西	南西	初二	先勝	除	虚	金	1（七）師
8日	月	癸酉	九紫	**太陰**	**午**	一粒万倍日		卯	丁卯	東	南	南東	北西	北	西	初三	友引	満	危	金	2（七）漸
9日	火	甲戌	八白	**水星**	**子酉**			辰	戊辰	北	南東	北東	北西	北	西	初四	先負	平	室	火	7（二）蹇
10日	水	乙亥	七赤	火星	未			巳	己巳	西	南東	北西	北西	北	西	初五	仏滅	定	壁	火	3（三）晋
11日	木	丙子	六白	**太陽**	**卯**	大犯土終り 不成就日		午	庚午	南	西	南西	東南	南	東	初六	大安	執	奎	水	6（三）頤
12日	金	丁丑	五黄	**金星**	**未**	間日		未	辛未	東	西	南	東南	南	東	初七	赤口	破	婁	水	4（七）随
13日	土	戊寅	四緑	羅睺	丑戌	盆迎え火 小犯土始まり		申	壬申	北	北	南東	東南	南	東	初八	先勝	危	胃	土	8（六）豊

14日	日	己卯	三碧	土星	辰	◐上弦七時四十九分	酉	癸酉	西	北	北東	東	東南	東北	初九	友引	成	昴	土	7 (八)節
15日	㊊	庚辰	二黒	計都	卯	海の日 盆 初伏	戌	甲戌	南	東	北西	東	東南	東北	初十	先負	納	畢	金	1 (九)泰
16日	火	辛巳	一白	木星	子酉	盆送り火 やぶ入り 賽日 えんま詣り	亥	乙亥	東	東	南西	東	東南	東北	十一	仏滅	開	觜	金	3 (七)大有
17日	水	壬午	九紫	太陰	寅亥	三隣亡 一粒万倍日	子	丙子	北	南	南	南西	西	南	十二	大安	閉	参	木	2 (一)巽
18日	木	癸未	八白	水星	巳		丑	丁丑	西	南	南東	南西	西	南	十三	赤口	建	井	木	4 (八)困
19日	金	甲申	七赤	火星	子酉	土用十三時十七分 小犯土終り 十方暮入り 不成就日	寅	戊寅	南	南東	北東	南西	西	南	十四	先勝	除	鬼	水	3 (九)未済
20日	土	乙酉	六白	太陽	申	一粒万倍日	卯	己卯	東	南東	北西	北	北東	北西	十五	友引	満	柳	水	9 (四)遯
21日	日	丙戌	五黄	金星	巳	○望十九時十七分	辰	庚辰	北	西	南西	北	北東	北西	十六	先負	平	星	土	6 (一)艮
22日	月	丁亥	四緑	羅睺	午	大暑十六時四十四分	巳	辛巳	西	西	南	北	北東	北西	十七	仏滅	定	張	土	8 (八)豫
23日	火	戊子	三碧	土星	子酉		午	壬午	南	北	南東	南	南西	東南	十八	大安	執	翼	火	7 (四)屯
24日	水	己丑	二黒	計都	卯	土用の丑 地蔵盆	未	癸未	東	北	北東	南	南西	東南	十九	赤口	破	軫	火	9 (二)无妄
25日	木	庚寅	一白	木星	辰	中伏	申	甲申	北	東	北西	南	南西	東南	廿	先勝	危	角	木	3 (一)離
26日	金	辛卯	九紫	太陰	丑戌		酉	乙酉	西	東	南西	東北	東	北	廿一	友引	成	亢	木	2 (三)中孚
27日	土	壬辰	八白	水星	丑戌	不成就日	戌	丙戌	南	南	南	東北	東	北	廿二	先負	納	氐	水	6 (四)大畜
28日	日	癸巳	七赤	火星	辰	◑下弦十一時五十二分 天一天上	亥	丁亥	東	南	南東	東北	東	北	廿三	仏滅	開	房	水	4 (六)夬
29日	月	甲午	六白	太陽	未	天赦日 三隣亡 一粒万倍日	子	戊子	北	南東	北東	西	北西	南西	廿四	大安	閉	心	金	9 (一)乾
30日	火	乙未	五黄	金星	子酉		丑	己丑	西	南東	北西	西	北西	南西	廿五	赤口	建	尾	金	7 (六)井
31日	水	丙申	四緑	羅睺	午		寅	庚寅	南	西	南西	西	北西	南西	廿六	先勝	除	箕	火	8 (四)解

二〇二四年 八月 葉月

甲辰年 三碧中宮（五黄西）

壬申月 八白中宮（五黄南西）

立秋正節 八月七日 九時九分 一三五度

処暑中気 八月二十二日 二十三時五十五分 一五〇度

	冲	正冲	煞	財神	喜神	休門・生門	開門・旧暦・六曜	廿八宿	納音	玄空大卦
甲辰年	戌	戊戌	南	南東	北東	博士南西	力士南東	鬼	火	3（二）睽 年
壬申月	寅	丙寅	南	南	南	博士南西	三殺南	角	金	1（七）師 月

日	曜日	干支	九星	烏兎	烏兎時	行事	メモ	冲	正冲	煞	財神	喜神	休門	生門	開門	旧暦	六曜	建除	廿八宿	納音	玄空大卦
1日	木	丁酉	三碧	土星	巳	八朔 一粒万倍日 旧六月小		卯	辛卯	東	西	南	北西	北	西	廿七	友引	満	斗	火	4（九）咸
2日	金	戊戌	二黒	計都	申			辰	壬辰	北	北	南東	北西	北	西	廿八	先負	平	牛	木	1（六）謙
3日	土	己亥	一白	木星	寅亥			巳	癸巳	西	北	北東	北西	北	西	廿九	仏滅	定	女	木	2（二）観
4日	日	庚子	九紫	木星	辰	●朔二十時十三分 旧七月大		午	甲午	南	東	北西	東南	南	東	初一	先勝	執	虚	土	2（九）益
5日	月	辛丑	八白	太陰	丑戌	土用二ノ丑		未	乙未	東	東	南西	東南	南	東	初二	友引	破	危	土	1（三）明夷
6日	火	壬寅	七赤	水星	丑戌	不成就日		申	丙申	北	南	南	東南	南	東	初三	先負	危	室	金	9（七）同人
7日	水	癸卯	六白	火星	巳	立秋九時九分		酉	丁酉	西	南	南東	東	東南	東北	初四	仏滅	危	壁	金	8（七）帰妹
8日	木	甲辰	五黄	太陽	未			戌	戊戌	南	南東	北東	東	東南	東北	初五	大安	成	奎	火	3（二）睽
9日	金	乙巳	四緑	金星	子酉			亥	己亥	東	南東	北西	東	東南	東北	初六	赤口	納	婁	火	7（三）需
10日	土	丙午	三碧	羅睺	午	旧七夕		子	庚子	北	西	南西	南西	西	南	初七	先勝	開	胃	水	4（三）大過
11日	㊐	丁未	二黒	土星	巳	山の日		丑	辛丑	西	西	南	南西	西	南	初八	友引	閉	昴	水	6（七）蠱
12日	㊊	戊申	一白	計都	申	振替休日 天赦日		寅	壬寅	南	北	南東	南西	西	南	初九	先負	建	畢	土	2（六）渙
13日	火	己酉	九紫	木星	寅亥	◐上弦〇時十九分 月遅れ盆迎え火		卯	癸卯	東	北	北東	北	北東	北西	初十	仏滅	除	觜	土	3（八）旅

14日	水	庚戌	八白	太陰	巳	末伏 不成就日		辰	甲辰	北	東	北西	北	北東	北西	十一	大安	満	参	金	9 (九)否
15日	木	辛亥	七赤	水星	寅亥	月遅れ盆 三隣亡		巳	乙巳	西	東	南西	北	北東	北西	十二	赤口	平	井	金	7 (七)比
16日	金	壬子	六白	火星	子酉	月遅れ盆送り火 八専始め 一粒万倍日	旧七月大	午	丙午	南	南	南	南	南西	東南	十三	先勝	定	鬼	木	8 (一)震
17日	土	癸丑	五黄	太陽	卯			未	丁未	東	南	南東	南	南西	東南	十四	友引	執	柳	木	6 (八)賁
18日	日	甲寅	四緑	金星	午	旧盆		申	戊申	北	南東	北東	南	南西	東南	十五	先負	破	星	水	7 (九)既済
19日	月	乙卯	三碧	羅睺	丑戌			酉	己酉	西	南東	北西	東北	東	北	十六	仏滅	危	張	水	1 (四)臨
20日	火	丙辰	二黒	土星	未	○望三時二十六分		戌	庚戌	南	西	南西	東北	東	北	十七	大安	成	翼	土	4 (一)兌
21日	水	丁巳	一白	計都	辰			亥	辛亥	東	西	南	東北	東	北	十八	赤口	納	軫	土	2 (八)小畜
22日	木	戊午	九紫	木星	未	処暑二十三時五十五分 不成就日		子	壬子	北	北	南東	西	北西	南西	十九	先勝	開	角	火	3 (四)鼎
23日	金	己未	八白	太陰	丑戌			丑	癸丑	西	北	北東	西	北西	南西	廿	友引	閉	亢	火	1 (二)升
24日	土	庚申	七赤	水星	午	庚申		寅	甲寅	南	東	北西	西	北西	南西	廿一	先負	建	氐	木	7 (一)坎
25日	日	辛酉	六白	火星	卯			卯	乙卯	東	東	南西	北西	北	西	廿二	仏滅	除	房	木	8 (三)小過
26日	月	壬戌	五黄	太陽	申	◑下弦十八時二十六分		辰	丙辰	北	南	南	北西	北	西	廿三	大安	満	心	水	4 (四)萃
27日	火	癸亥	四緑	金星	寅亥	八専終り 三隣亡		巳	丁巳	西	南	南東	北西	北	西	廿四	赤口	平	尾	水	6 (六)剥
28日	水	甲子	三碧	羅睺	巳	甲子 一粒万倍日		午	戊午	南	南東	北東	南	南西	東南	廿五	先勝	定	箕	金	1 (一)坤
29日	木	乙丑	二黒	土星	寅亥			未	己未	東	南東	北西	南	南西	東南	廿六	友引	執	斗	金	3 (六)噬嗑
30日	金	丙寅	一白	計都	申	不成就日		申	庚申	北	西	南西	南	南西	東南	廿七	先負	破	牛	火	2 (四)家人
31日	土	丁卯	九紫	木星	卯	二百十日		酉	辛酉	西	西	南	東北	東	北	廿八	仏滅	危	女	火	6 (九)損

二〇二四年 九月 長月

白露正節 九月 七日 十二時十一分 一六五度
秋分中気 九月二十二日 二十一時四十四分 一八〇度

	甲辰年	癸酉月
中宮	三碧中宮（五黄西）	七赤中宮（五黄東）
冲	戌	卯
正冲	戊戌	丁卯
煞	南	東
財神	南東	南
喜神	北東	南東
休門・生門・開門	博士南西	博士北東
旧暦・六曜	力士南東	三殺東
廿八宿	鬼	亢
納音	火	金
玄空大卦	3（二）睽 年	2（七）漸 月

日	曜日	干支	九星	烏兎	烏兎時	行事	メモ	冲	正冲	煞	財神	喜神	休門	生門	開門	旧暦	六曜	建除	廿八宿	納音	玄空大卦
1日	日	戊辰	八白	太陽	午	**旧七月大**		戌	壬戌	南	北	南東	東北	東	北	廿九	大安	成	虚	木	9（六）履
2日	月	己巳	七赤	水星	子酉	己巳		亥	癸亥	東	北	北東	東北	東	北	卅	赤口	納	危	木	8（二）大壮
3日	火	庚午	六白	木星	辰	**●朔十時五十六分** 旧八朔 大犯土始まり	**旧八月大**	子	甲子	北	東	北西	西	北西	南西	初一	友引	開	室	土	8（九）恒
4日	水	辛未	五黄	太陰	丑戌	不成就日		丑	乙丑	西	東	南西	西	北西	南西	初二	先負	閉	壁	土	9（三）訟
5日	木	壬申	四緑	水星	丑戌			寅	丙寅	南	南	南	西	北西	南西	初三	仏滅	建	奎	金	1（七）師
6日	金	癸酉	三碧	火星	辰			卯	丁卯	東	南	南東	北西	北	西	初四	大安	除	婁	金	2（七）漸
7日	土	甲戌	二黒	太陽	未	白露十二時十一分		辰	戊辰	北	南東	北東	北西	北	西	初五	赤口	除	胃	火	7（二）蹇
8日	日	乙亥	一白	金星	子酉			巳	己巳	西	南東	北西	北西	北	西	初六	先勝	満	昴	火	3（三）晋
9日	月	丙子	九紫	羅睺	午	重陽 大犯土終り		午	庚午	南	西	南西	東南	南	東	初七	友引	平	畢	水	6（三）頤
10日	火	丁丑	八白	土星	巳	二百二十日 間日		未	辛未	東	西	南	東南	南	東	初八	先負	定	觜	水	4（七）随
11日	水	戊寅	七赤	計都	申	◐上弦十五時六分 小犯土始まり 三隣亡		申	壬申	北	北	南東	東南	南	東	初九	仏滅	執	参	土	8（六）豊
12日	木	己卯	六白	木星	寅亥	一粒万倍日 不成就日		酉	癸酉	西	北	北東	東	東南	東北	初十	大安	破	井	土	7（八）節
13日	金	庚辰	五黄	太陰	巳			戌	甲戌	南	東	北西	東	東南	東北	十一	赤口	危	鬼	金	1（九）泰

日	曜	干支	九星	星	支	行事	支	干支	方位	方位	方位	方位	方位	方位	旧暦	六曜	直	宿	五行	卦
14日	土	辛巳	四緑	**水星**	**寅亥**		亥	乙亥	東	東	南西	東	東南	東北	十二	先勝	成	柳	金	3 (七)大有
15日	日	壬午	三碧	火星	子酉		子	丙子	北	南	南	南西	西	南	十三	友引	納	星	木	2 (一)巽
16日	㊊	癸未	二黒	**太陽**	**卯**	**◉敬老の日**	丑	丁丑	西	南	南東	南西	西	南	十四	先負	開	張	木	4 (八)困
17日	火	甲申	一白	**金星**	**午**	十五夜 小犯土終り 十方暮入り 一粒万倍日	寅	戊寅	南	南東	北東	南西	西	南	十五	仏滅	閉	翼	水	3 (九)未済
18日	水	乙酉	九紫	羅睺	丑戌	○望十一時三十四分	卯	己卯	東	南東	北西	北	北東	北西	十六	大安	建	軫	水	9 (四)遯
19日	木	丙戌	八白	土星	未	彼岸入り	辰	庚辰	北	西	南西	北	北東	北西	十七	赤口	除	角	土	6 (一)艮
20日	金	丁亥	七赤	計都	辰	不成就日	巳	辛巳	西	西	南	北	北東	北西	十八	先勝	満	亢	土	8 (八)豫
21日	土	戊子	六白	**木星**	**未**	社日	午	壬午	南	北	南東	南	南西	東南	十九	友引	平	氐	火	7 (四)屯
22日	㊐	己丑	五黄	**太陰**	**丑戌**	**◉秋分の日** 秋分二十一時四十四分 彼岸中日	未	癸未	東	北	北東	南	南西	東南	廿	先負	定	房	火	9 (二)无妄
23日	㊊	庚寅	四緑	**水星**	**午**	振替休日 三隣亡	申	甲申	北	東	北西	南	南西	東南	廿一	仏滅	執	心	木	3 (一)離
24日	火	辛卯	三碧	火星	卯	一粒万倍日	酉	乙酉	西	東	南西	東北	東	北	廿二	大安	破	尾	木	2 (三)中孚
25日	水	壬辰	二黒	**太陽**	**申**	◑下弦三時五十分 彼岸明け	戌	丙戌	南	南	南	東北	東	北	廿三	赤口	危	箕	水	6 (四)大畜
26日	木	癸巳	一白	**金星**	**寅亥**	天一天上	亥	丁亥	東	南	南東	東北	東	北	廿四	先勝	成	斗	水	4 (六)夬
27日	金	甲午	九紫	羅睺	巳		子	戊子	北	南東	北東	西	北西	南西	廿五	友引	納	牛	金	9 (一)乾
28日	土	乙未	八白	土星	寅亥	不成就日	丑	己丑	西	南東	北西	西	北西	南西	廿六	先負	開	女	金	7 (六)井
29日	日	丙申	七赤	計都	申	一粒万倍日	寅	庚寅	南	西	南西	西	北西	南西	廿七	仏滅	閉	虚	火	8 (四)解
30日	月	丁酉	六白	**木星**	**卯**		卯	辛卯	東	西	南	北西	北	西	廿八	大安	建	危	火	4 (九)咸

二〇二四年 十月 神無月

寒露正節 十月 八日 四時〇〇分 一九五度
霜降中気 十月二十三日 七時十五分 二一〇度

日	曜日	干支	九星	烏兎	烏兎時	行事	メモ	冲	正冲	煞	財神	喜神	休門	生門	開門	旧暦	六曜	建除	廿八宿	納音	玄空大卦
甲辰年			三碧中宮（五黄西）					戌	戊戌	南	南東	北東	博士南西		力士南東				鬼	火	3 (二)睽 年
甲戌月			六白中宮（五黄南東）					辰	戊辰	北	南東	北東	博士北東		三殺北				氐	火	7 (二)蹇 月
1日	火	戊戌	五黄	太陰	午	旧八月大		辰	壬辰	北	北	南東	北西	北	西	廿九	赤口	除	室	木	1 (六)謙
2日	水	己亥	四緑	水星	子酉			巳	癸巳	西	北	北東	北西	北	西	卅	先勝	満	壁	木	2 (二)観
3日	木	庚子	三碧	木星	辰	●朔三時四十九分 不成就日 旧九月大		午	甲午	南	東	北西	東南	南	東	初一	先負	平	奎	土	2 (九)益
4日	金	辛丑	二黒	太陰	丑戌			未	乙未	東	東	南西	東南	南	東	初二	仏滅	定	婁	土	1 (三)明夷
5日	土	壬寅	一白	水星	丑戌	三隣亡		申	丙申	北	南	南	東南	南	東	初三	大安	執	胃	金	9 (七)同人
6日	日	癸卯	九紫	火星	辰	一粒万倍日		酉	丁酉	西	南	南東	東	東南	東北	初四	赤口	破	昴	金	8 (七)帰妹
7日	月	甲辰	八白	太陽	未			戌	戊戌	南	南東	北東	東	東南	東北	初五	先勝	危	畢	火	3 (二)睽
8日	火	乙巳	七赤	金星	子酉	寒露四時〇〇分		亥	己亥	東	南東	北西	東	東南	東北	初六	友引	危	觜	火	7 (三)需
9日	水	丙午	六白	羅睺	午	一粒万倍日 三隣亡		子	庚子	北	西	南西	南西	西	南	初七	先負	成	参	水	4 (三)大過
10日	木	丁未	五黄	土星	巳			丑	辛丑	西	西	南	南西	西	南	初八	仏滅	納	井	水	6 (七)蠱
11日	金	戊申	四緑	計都	申	◐上弦三時五十五分 不成就日	旧重陽 天赦日	寅	壬寅	南	北	南東	南西	西	南	初九	大安	開	鬼	土	2 (六)渙
12日	土	己酉	三碧	木星	寅亥	一粒万倍日		卯	癸卯	東	北	北東	北	北東	北西	初十	赤口	閉	柳	土	3 (八)旅
13日	日	庚戌	二黒	太陰	巳			辰	甲辰	北	東	北西	北	北東	北西	十一	先勝	建	星	金	9 (九)否

14日	㊊	辛亥	一白	**水星**	**寅亥**	**◉スポーツの日**	巳	乙巳	西	東	南西	北	北東	北西	十二	友引	除	張	金	7 (七)比
15日	火	壬子	九紫	火星	子酉	十三夜 八専始め	午	丙午	南	南	南	南	南西	東南	十三	先負	満	翼	木	8 (一)震
16日	水	癸丑	八白	**太陽**	**卯**		未	丁未	東	南	南東	南	南西	東南	十四	仏滅	平	軫	木	6 (八)賁
17日	木	甲寅	七赤	**金星**	**午**	○望二十時二十六分	申	戊申	北	南東	北東	南	南西	東南	十五	大安	定	角	水	7 (九)既済
18日	金	乙卯	六白	羅睺	丑戌		酉	己酉	西	南東	北西	東北	東	北	十六	赤口	執	亢	水	1 (四)臨
19日	土	丙辰	五黄	土星	未	不成就日	戌	庚戌	南	西	南西	東北	東	北	十七	先勝	破	氐	土	4 (一)兌
20日	日	丁巳	四緑	計都	辰	土用六時五十一分	亥	辛亥	東	西	南	東北	東	北	十八	友引	危	房	土	2 (八)小畜
21日	月	戊午	三碧	**木星**	**未**	三隣亡 一粒万倍日	子	壬子	北	北	南東	西	北西	南西	十九	先負	成	心	火	3 (四)鼎
22日	火	己未	二黒	**太陰**	**丑戌**		丑	癸丑	西	北	北東	西	北西	南西	廿	仏滅	納	尾	火	1 (二)升
23日	水	庚申	一白	**水星**	**午**	霜降七時十五分 庚申	寅	甲寅	南	東	北西	西	北西	南西	廿一	大安	開	箕	木	7 (一)坎
24日	木	辛酉	九紫	火星	卯	◑下弦十七時三分 一粒万倍日	卯	乙卯	東	東	南西	北西	北	西	廿二	赤口	閉	斗	木	8 (三)小過
25日	金	壬戌	八白	**太陽**	**申**		辰	丙辰	北	南	南	北西	北	西	廿三	先勝	建	牛	水	4 (四)萃
26日	土	癸亥	七赤	**金星**	**寅亥**	八専終り	巳	丁巳	西	南	南東	北西	北	西	廿四	友引	除	女	水	6 (六)剥
27日	日	甲子	六白	羅睺	巳	甲子 不成就日	午	戊午	南	南東	北東	南	南西	東南	廿五	先負	満	虚	金	1 (一)坤
28日	月	乙丑	五黄	土星	寅亥		未	己未	東	南東	北西	南	南西	東南	廿六	仏滅	平	危	金	3 (六)噬嗑
29日	火	丙寅	四緑	計都	申	○望五時二十四分 庚申	申	庚申	北	西	南西	南	南西	東南	廿七	大安	定	室	火	2 (四)家人
30日	水	丁卯	三碧	**木星**	**卯**	一粒万倍日	酉	辛酉	西	西	南	東北	東	北	廿八	赤口	執	壁	火	6 (九)損
31日	木	戊辰	二黒	**太陰**	**午**	不成就日	戌	壬戌	南	北	南東	東北	東	北	廿九	先勝	破	奎	木	9 (六)履

二〇二四年 十一月 霜月

	年・月	中宮	冲	正冲	煞	財神	喜神	休門・生門・開門	旧暦・六曜	廿八宿	納音	玄空大卦
甲辰年	甲辰年	三碧中宮（五黄西）	戌	戊戌	南	南東	北東	博士南西	力士南東	鬼	火	3 (二)睽 年
乙亥月	乙亥月	五黄中宮（五黄中宮）	巳	己巳	西	南東	北西	博士南東	三殺西	房	火	3 (三)晋 月

立冬正節 十一月 七日 七時二十分 二二五度

小雪中気 十一月二十二日 四時五十六分 二四〇度

日	曜日	干支	九星	烏兎	烏兎時	行事	メモ	冲	正冲	煞	財神	喜神	休門	生門	開門	旧暦	六曜	建除	廿八宿	納音	玄空大卦
1日	金	己巳	一白	太陽	未	●朔二十一時四十七分 旧十月大 己巳		亥	癸亥	東	北	北東	東北	東	北	初一	仏滅	危	婁	木	8 (二)大壮
2日	土	庚午	九紫	火星	未	大犯土始まり 三隣亡 一粒万倍日		子	甲子	北	東	北西	西	北西	南西	初二	大安	成	胃	土	8 (九)恒
3日	㊐	辛未	八白	水星	寅亥	文化の日		丑	乙丑	西	東	南西	西	北西	南西	初三	赤口	納	昴	土	9 (三)訟
4日	㊊	壬申	七赤	太陰	寅亥	振替休日		寅	丙寅	南	南	南	西	北西	南西	初四	先勝	開	畢	金	1 (七)師
5日	火	癸酉	六白	木星	未	一ノ酉 一粒万倍日		卯	丁卯	東	南	南東	北西	北	西	初五	友引	閉	觜	金	2 (七)漸
6日	水	甲戌	五黄	計都	卯			辰	戊辰	北	南東	北東	北西	北	西	初六	先負	建	参	火	7 (二)蹇
7日	木	乙亥	四緑	土星	寅亥	立冬七時二十分 炉開き 旧亥ノ子餅 三隣亡		巳	己巳	西	南東	北西	北西	北	西	初七	仏滅	建	井	火	3 (三)晋
8日	金	丙子	三碧	羅睺	午	大犯土終り		午	庚午	南	西	南西	東南	南	東	初八	大安	除	鬼	水	6 (三)頤
9日	土	丁丑	二黒	金星	未	◐上弦十四時五十五分 太陽暦採用記念日	間日	未	辛未	東	西	南	東南	南	東	初九	赤口	満	柳	水	4 (七)随
10日	日	戊寅	一白	太陽	卯	小犯土始まり		申	壬申	北	北	南東	東南	南	東	初十	先勝	平	星	土	8 (六)豊
11日	月	己卯	九紫	火星	申			酉	癸酉	西	北	北東	東	東南	東北	十一	仏滅	定	張	土	7 (八)節
12日	火	庚辰	八白	水星	午	不成就日		戌	甲戌	南	東	北西	東	東南	東北	十二	先負	執	翼	金	1 (九)泰
13日	水	辛巳	七赤	太陰	丑戌			亥	乙亥	東	東	南西	東	東南	東北	十三	仏滅	破	軫	金	3 (七)大有

14日	木	壬午	六白	木星	卯			子	丙子	北	南	南	南西	西	南	十四	大安	危	角	木	2 (一)巽
15日	金	癸未	五黄	計都	申	七五三		丑	丁丑	西	南	南東	南西	西	南	十五	赤口	成	亢	木	4 (八)困
16日	土	甲申	四緑	土星	辰	○望六時二十九分 十方暮入り	小犯土終り	寅	戊寅	南	南東	北東	南西	西	南	十六	先勝	納	氐	水	3 (九)未済
17日	日	乙酉	三碧	羅睺	丑戌	二ノ酉 一粒万倍日		卯	己卯	東	南東	北西	北	北東	北西	十七	友引	開	房	水	9 (四)遯
18日	月	丙戌	二黒	金星	巳	一粒万倍日		辰	庚辰	北	西	南西	北	北東	北西	十八	先負	閉	心	土	6 (一)艮
19日	火	丁亥	一白	太陽	申	茶忌 三隣亡		巳	辛巳	西	西	南	北	北東	北西	十九	仏滅	建	尾	土	8 (八)豫
20日	水	戊子	九紫	火星	辰	旧えびす講 不成就日		午	壬午	南	北	南東	南	南西	東南	廿	大安	除	箕	火	7 (四)屯
21日	木	己丑	八白	水星	子酉			未	癸未	東	北	北東	南	南西	東南	廿一	赤口	満	斗	火	9 (二)无妄
22日	金	庚寅	七赤	太陰	巳	小雪四時五十六分		申	甲申	北	東	北西	南	南西	東南	廿二	先勝	平	牛	木	3 (一)離
23日	㊏	辛卯	六白	木星	子酉	◙勤労感謝の日 ◑下弦十時二十八分		酉	乙酉	西	東	南西	東北	東	北	廿三	友引	定	女	木	2 (三)中孚
24日	日	壬辰	五黄	計都	辰			戌	丙戌	南	南	南	東北	東	北	廿四	先負	執	虚	水	6 (四)大畜
25日	月	癸巳	四緑	土星	子酉	天一天上		亥	丁亥	東	南	南東	東北	東	北	廿五	仏滅	破	危	水	4 (六)夬
26日	火	甲午	三碧	羅睺	巳			子	戊子	北	南東	北東	西	北西	南西	廿六	大安	危	室	金	9 (一)乾
27日	水	乙未	二黒	金星	子酉			丑	己丑	西	南東	北西	西	北西	南西	廿七	赤口	成	壁	金	7 (六)井
28日	木	丙申	一白	太陽	辰	不成就日		寅	庚寅	南	西	南西	西	北西	南西	廿八	先勝	納	奎	火	8 (四)解
29日	金	丁酉	九紫	火星	子酉	三ノ酉 一粒万倍日		卯	辛卯	東	西	南	北西	北	西	廿九	友引	開	婁	火	4 (九)咸
30日	土	戊戌	八白	水星	巳	一粒万倍日		辰	壬辰	北	北	南東	北西	北	西	卅	先負	閉	胃	木	1 (六)謙

二〇二四年 十二月 師走

大雪正節 十二月 七日 〇時十七分 二五五度
冬至中気 十二月二十一日 十八時二十一分 二七〇度

日	曜日	干支	九星	烏兎	烏兎時	行事	メモ	冲	正冲	煞	財神	喜神	休門	生門	開門	旧暦	六曜	建除	廿八宿	納音	玄空大卦
甲辰年			三碧中宮（五黄西）					戌	戊戌	南	南東	北東	博士南西			力士南東			鬼	火	3 (二)睽 年
丙子月			四緑中宮（五黄北西）					午	庚午	南	西	南西	博士南東			三殺南			参	水	6 (三)頤 月
1日	日	己亥	七赤	計都	卯	●朔十五時二十一分 旧十一月大 三隣亡		巳	癸巳	西	北	北東	北西	北	西	初一	大安	建	昴	木	2 (二)観
2日	月	庚子	六白	土星	寅亥			午	甲午	南	東	北西	東南	南	東	初二	赤口	除	畢	土	2 (九)益
3日	火	辛丑	五黄	羅睺	午			未	乙未	東	東	南西	東南	南	東	初三	先勝	満	觜	土	1 (三)明夷
4日	水	壬寅	四緑	金星	未			申	丙申	北	南	南	東南	南	東	初四	友引	平	参	金	9 (七)同人
5日	木	癸卯	三碧	太陽	卯	不成就日 納めの水天宮		酉	丁酉	西	南	南東	東	東南	東北	初五	先負	定	井	金	8 (七)帰妹
6日	金	甲辰	二黒	火星	申			戌	戊戌	南	南東	北東	東	東南	東北	初六	仏滅	執	鬼	火	3 (二)睽
7日	土	乙巳	一白	水星	午	大雪〇時十七分		亥	己亥	東	南東	北西	東	東南	東北	初七	大安	執	柳	火	7 (三)需
8日	日	丙午	九紫	太陰	丑戌	事納め 針供養		子	庚子	北	西	南西	南西	西	南	初八	赤口	破	星	水	4 (三)大過
9日	月	丁未	八白	木星	卯	◐上弦〇時二十七分		丑	辛丑	西	西	南	南西	西	南	初九	先勝	危	張	水	6 (七)蠱
10日	火	戊申	七赤	計都	申			寅	壬寅	南	北	南東	南西	西	南	初十	友引	成	翼	土	2 (六)渙
11日	水	己酉	六白	土星	辰			卯	癸卯	東	北	北東	北	北東	北西	十一	先負	納	軫	土	3 (八)旅
12日	木	庚戌	五黄	羅睺	丑戌			辰	甲辰	北	東	北西	北	北東	北西	十二	仏滅	開	角	金	9 (九)否
13日	金	辛亥	四緑	金星	巳	一粒万倍日 不成就日		巳	乙巳	西	東	南西	北	北東	北西	十三	大安	閉	亢	金	7 (七)比

14日	土	壬子	三碧	太陽	申	八専始め 一粒万倍日	午	丙午	南	南	南	南	南西	東南	十四	赤口	建	氐	木	8 (一)震
15日	日	癸丑	二黒	火星	辰	○望十八時二分	未	丁未	東	南	南東	南	南西	東南	十五	先勝	除	房	木	6 (八)賁
16日	月	甲寅	一白	水星	子酉	三隣亡	申	戊申	北	南東	北東	南	南西	東南	十六	友引	満	心	水	7 (九)既済
17日	火	乙卯	九紫	太陰	巳		酉	己酉	西	南東	北西	東北	東	北	十七	先負	平	尾	水	1 (四)臨
18日	水	丙辰	八白	木星	子酉	納めの観音	戌	庚戌	南	西	南西	東北	東	北	十八	仏滅	定	箕	土	4 (一)兌
19日	木	丁巳	七赤	計都	辰		亥	辛亥	東	西	南	東北	東	北	十九	大安	執	斗	土	2 (八)小畜
20日	金	戊午	六白	土星	子酉		子	壬子	北	北	南東	西	北西	南西	廿	赤口	破	牛	火	3 (四)鼎
21日	土	己未	五黄	羅睺	巳	冬至十八時二十一分 ゆず湯 不成就日	丑	癸丑	西	北	北東	西	北西	南西	廿一	先勝	危	女	火	1 (二)升
22日	日	庚申	四緑	金星	子酉	庚申	寅	甲寅	南	東	北西	西	北西	南西	廿二	友引	成	虚	木	7 (一)坎
23日	月	辛酉	三碧	太陽	辰	◑下弦七時十八分	卯	乙卯	東	東	南西	北西	北	西	廿三	先負	納	危	木	8 (三)小過
24日	火	壬戌	二黒	火星	子酉	クリスマス・イブ 納めの地蔵	辰	丙辰	北	南	南	北西	北	西	廿四	仏滅	開	室	水	4 (四)萃
25日	水	癸亥	一白	水星	巳	クリスマス 八専終り	巳	丁巳	西	南	南東	北西	北	西	廿五	大安	閉	壁	水	6 (六)剥
26日	木	甲子	一白	太陰	丑戌	九星陽遁始め 天赦日 甲子 一粒万倍日	午	戊午	南	南東	北東	南	南西	東南	廿六	赤口	建	奎	金	1 (一)坤
27日	金	乙丑	二黒	木星	辰		未	己未	東	南東	北西	南	南西	東南	廿七	先勝	除	婁	金	3 (六)噬嗑
28日	土	丙寅	三碧	計都	申	三隣亡	申	庚申	北	西	南西	南	南西	東南	廿八	友引	満	胃	火	2 (四)家人
29日	日	丁卯	四緑	土星	巳	不成就日	酉	辛酉	西	西	南	東北	東	北	廿九	先負	平	昴	火	6 (九)損
30日	月	戊辰	五黄	羅睺	丑戌		戌	壬戌	南	北	南東	東北	東	北	卅	仏滅	定	畢	木	9 (六)履
31日	火	己巳	六白	太陽	未	●朔七時二十七分 年越し 大祓い 己巳 旧十二月小	亥	癸亥	東	北	北東	東北	東	北	初一	赤口	執	觜	木	8 (二)大壮

二〇二五年 一月 睦月

小寒正節 一月 五日 十一時三十三分 二八五度
大寒中気 一月二十日 五時〇〇分 三〇〇度

日	曜日	干支	九星	烏兎	烏兎時	行事	メモ	冲	正冲	煞	財神	喜神	休門	生門	開門	旧暦	六曜	建除	廿八宿	納音	玄空大卦
甲辰年			三碧中宮（五黄西）					戌	戊戌	南	南東	北東	博士南西			力士南東			鬼	火	3（二）睽 年
丁丑月			三碧中宮（五黄西）					未	辛未	東	西	南	博士南東			三殺東			井	水	4（七）随 月
1日	㊌	庚午	七赤	火星	未	◉正月 元日 大犯土始まり 旧十二月小		子	甲子	北	東	北西	東	南東	北東	初二	先勝	破	参	土	8（九）恒
2日	木	辛未	八白	水星	寅亥			丑	乙丑	西	東	南西	東	南東	北東	初三	友引	危	井	土	9（三）訟
3日	金	壬申	九紫	太陰	寅亥			寅	丙寅	南	南	南	東	南東	北東	初四	先負	成	鬼	金	1（七）師
4日	土	癸酉	一白	木星	寅亥			卯	丁卯	東	南	南東	南東	南	東	初五	仏滅	納	柳	金	2（七）漸
5日	日	甲戌	二黒	計都	卯	小寒十一時三十三分		辰	戊辰	北	南東	北東	南東	南	東	初六	大安	納	星	火	7（二）蹇
6日	月	乙亥	三碧	土星	寅亥			巳	己巳	西	南東	北西	南東	南	東	初七	赤口	開	張	火	3（三）晋
7日	火	丙子	四緑	羅睺	午	◐上弦八時五十六分 一粒万倍日 大犯土終り 七草		午	庚午	南	西	南西	北西	北	西	初八	先勝	閉	翼	水	6（三）頤
8日	水	丁丑	五黄	金星	未	間日		未	辛未	東	西	南	北西	北	西	初九	友引	建	軫	水	4（七）随
9日	木	戊寅	六白	太陽	卯	小犯土始まり		申	壬申	北	北	南東	北西	北	西	初十	先負	除	角	土	8（六）豊
10日	金	己卯	七赤	火星	申	一粒万倍日		酉	癸酉	西	北	北東	西	北西	南西	十一	仏滅	満	亢	土	7（八）節
11日	土	庚辰	八白	水星	午			戌	甲戌	南	東	北西	西	北西	南西	十二	大安	平	氐	金	1（九）泰
12日	日	辛巳	九紫	太陰	丑戌			亥	乙亥	東	東	南西	西	北西	南西	十三	赤口	定	房	金	3（七）大有
13日	㊊	壬午	一白	木星	卯	◉成人の日 三隣亡		子	丙子	北	南	南	北東	東	北	十四	先勝	執	心	木	2（一）巽

14日	火	癸未	二黒	計都	申	○望七時二十七分		丑	丁丑	西	南	南東	北東	東	北	十五	友引	破	尾	木	4 (八)困
15日	水	甲申	三碧	土星	辰	小犯土終り		寅	戊寅	南	南東	北東	北東	東	北	十六	先負	危	箕	水	3 (九)未済
16日	木	乙酉	四緑	羅睺	丑戌			卯	己卯	東	南東	北西	南	南西	南東	十七	仏滅	成	斗	水	9 (四)遯
17日	金	丙戌	五黄	**金星**	**巳**	土用六時十六分		辰	庚辰	北	西	南西	南	南西	南東	十八	大安	納	牛	土	6 (一)艮
18日	土	丁亥	六白	**太陽**	**申**			巳	辛巳	西	西	南	南	南西	南東	十九	赤口	開	女	土	8 (八)豫
19日	日	戊子	七赤	火星	辰	一粒万倍日		午	壬午	南	北	南東	北	北東	北西	廿	先勝	閉	虚	火	7 (四)屯
20日	月	己丑	八白	**水星**	**子酉**	大寒五時〇〇分		未	癸未	東	北	北東	北	北東	北西	廿一	友引	建	危	火	9 (二)无妄
21日	火	庚寅	九紫	**太陰**	**巳**	不成就日		申	甲申	北	東	北西	北	北東	北西	廿二	先負	除	室	木	3 (一)離
22日	水	辛卯	一白	**木星**	**子酉**	◑下弦五時三十一分 一粒万倍日		酉	乙酉	西	東	南西	南西	西	南	廿三	仏滅	満	壁	木	2 (三)中孚
23日	木	壬辰	二黒	計都	辰			戌	丙戌	南	南	南	南西	西	南	廿四	大安	平	奎	水	6 (四)大畜
24日	金	癸巳	三碧	土星	酉			亥	丁亥	東	南	南東	南西	西	南	廿五	赤口	定	婁	水	4 (六)夬
25日	土	甲午	四緑	羅睺	巳	三隣亡		子	戊子	北	南東	北東	東	南東	北東	廿六	先勝	執	胃	金	9 (一)乾
26日	日	乙未	五黄	**金星**	**子酉**			丑	己丑	西	南東	北西	東	南東	北東	廿七	友引	破	昴	金	7 (六)井
27日	月	丙申	六白	**太陽**	**辰**			寅	庚寅	南	西	南西	東	南東	北東	廿八	先負	危	畢	火	8 (四)解
28日	火	丁酉	七赤	火星	子酉			卯	辛卯	東	西	南	南東	南	東	廿九	仏滅	成	觜	火	4 (九)咸
29日	水	戊戌	八白	計都	申	**●朔二十一時三十六分 旧正月大**		辰	壬辰	北	北	南東	南東	南	東	初一	先勝	納	参	木	1 (六)謙
30日	木	己亥	九紫	土星	辰			巳	癸巳	西	北	北東	南東	南	東	初二	友引	開	井	木	2 (二)觀
31日	金	庚子	一白	羅睺	丑戌	一粒万倍日 不成就日		午	甲午	南	東	北西	北西	北	西	初三	先負	閉	鬼	土	2 (九)益

二〇二五年 二月 如月

	年	月
干支	乙巳年	戊寅月
九星	二黒中宮（五黄北東）	二黒中宮（五黄北東）
冲	亥	申
正冲	己亥	壬申
煞	東	北
財神	南東	北
喜神	北西	南東
休門・生門・開門	博士北西	博士南西
旧暦・六曜	力士南西	三殺北
廿八宿	柳	箕
納音	火	土
玄空大卦	7（三）需 年	8（六）豊 月

立春正節 二月 三日 二十三時十分 三一五度
雨水中気 二月十八日 十九時七分 三三〇度

日	曜日	干支	九星	烏兎	烏兎時	行事	メモ	冲	正冲	煞	財神	喜神	休門	生門	開門	旧暦	六曜	建除	廿八宿	納音	玄空大卦
1日	土	辛丑	二黒	金星	巳			未	乙未	東	東	南西	北西	北	西	初四	仏滅	建	柳	土	1（三）明夷
2日	日	壬寅	三碧	太陽	申	節分		申	丙申	北	南	南	北西	北	西	初五	大安	除	星	金	9（七）同人
3日	月	癸卯	四緑	火星	辰	立春二十三時十分		酉	丁酉	西	南	南東	西	北西	南西	初六	赤口	除	張	金	8（七）帰妹
4日	火	甲辰	五黄	水星	子酉			戌	戊戌	南	南東	北東	西	北西	南西	初七	先勝	満	翼	火	3（二）睽
5日	水	乙巳	六白	太陰	巳	◐上弦十七時二分		亥	己亥	東	南東	北西	西	北西	南西	初八	友引	平	軫	火	7（三）需
6日	木	丙午	七赤	木星	子酉	一粒万倍日		子	庚子	北	西	南西	北東	東	北	初九	先負	定	角	水	4（三）大過
7日	金	丁未	八白	計都	辰			丑	辛丑	西	西	南	北東	東	北	初十	仏滅	執	亢	水	6（七）蠱
8日	土	戊申	九紫	土星	子酉	不成就日		寅	壬寅	南	北	南東	北東	東	北	十一	大安	破	氐	土	2（六）渙
9日	日	己酉	一白	羅睺	巳			卯	癸卯	東	北	北東	南	南西	南東	十二	赤口	危	房	土	3（八）旅
10日	月	庚戌	二黒	金星	子酉			辰	甲辰	北	東	北西	南	南西	南東	十三	先勝	成	心	金	9（九）否
11日	㊋	辛亥	三碧	太陽	辰	◙建国記念の日 三隣亡		巳	乙巳	西	東	南西	南	南西	南東	十四	友引	納	尾	金	7（七）比
12日	水	壬子	四緑	火星	子酉	○望二十二時五十四分		午	丙午	南	南	南	北	北東	北西	十五	先負	開	箕	木	8（一）震
13日	木	癸丑	五黄	水星	巳	一粒万倍日		未	丁未	東	南	南東	北	北東	北西	十六	仏滅	閉	斗	木	6（八）賁

14日	金	甲寅	六白	**太陰**	**丑戌**		申	戊申	北	南東	北東	北	北東	北西	十七	大安	建	牛	水	7（九）既済
15日	土	乙卯	七赤	**木星**	**辰**		酉	己酉	西	南東	北西	南西	西	南	十八	赤口	除	女	水	1（四）臨
16日	日	丙辰	八白	計都	申	不成就日	戌	庚戌	南	西	南西	南西	西	南	十九	先勝	満	虚	土	4（一）兌
17日	月	丁巳	九紫	土星	巳		亥	辛亥	東	西	南	南西	西	南	廿	友引	平	危	土	2（八）小畜
18日	火	戊午	一白	羅睺	丑戌	雨水十九時七分 一粒万倍日	子	壬子	北	北	南東	東	南東	北東	廿一	先負	定	室	火	3（四）鼎
19日	水	己未	二黒	**金星**	**午**		丑	癸丑	西	北	北東	東	南東	北東	廿二	仏滅	執	壁	火	1（二）升
20日	木	庚申	三碧	**太陽**	**申**		寅	甲寅	南	東	北西	東	南東	北東	廿三	大安	破	奎	木	7（一）坎
21日	金	辛酉	四緑	火星	卯	◑下弦二時三十三分	卯	乙卯	東	東	南西	南東	南	東	廿四	赤口	危	婁	木	8（三）小過
22日	土	壬戌	五黄	**水星**	**丑戌**		辰	丙辰	北	南	南	南東	南	東	廿五	先勝	成	胃	水	4（四）萃
23日	㊐	癸亥	六白	**太陰**	**午**	**天皇誕生日** 三隣亡	巳	丁巳	西	南	南東	南東	南	東	廿六	友引	納	昴	水	6（六）剥
24日	㊊	甲子	七赤	**木星**	**寅亥**	振替休日 不成就日	午	戊午	南	南東	北東	北	北東	北西	廿七	先負	開	畢	金	1（一）坤
25日	火	乙丑	八白	計都	卯	一粒万倍日	未	己未	東	南東	北西	北	北東	北西	廿八	仏滅	閉	觜	金	3（六）噬嗑
26日	水	丙寅	九紫	土星	未		申	庚申	北	西	南西	北	北東	北西	廿九	大安	建	参	火	2（四）家人
27日	木	丁卯	一白	羅睺	午		酉	辛酉	西	西	南	南西	西	南	卅	赤口	除	井	火	6（九）損
28日	金	戊辰	二黒	**太陽**	**卯**	**●朔九時四十五分**	戌	壬戌	南	北	南東	南西	西	南	初一	友引	満	鬼	木	9（六）履

第四章
九星で見る、「玄空風水暦」の簡単活用術

「玄空風水暦」の簡単活用術を2つご紹介します。五頁の年齢早見表より、ご自身の生まれの九星を知れば、その月や日々の良い方角がひと目でわかるというものです。忙しい毎日や日々の外出などに便利です。（各方位は、一八九頁の立極盤をご参照ください。）

その1
月ごとの良い方角を知る

各月ごとに、良い方角、気をつける方角、日などを記しました。はじめに記した3つの○は、九星にかかわらず、みなさんやその生まれ年の人にあてはまります。その後には、それぞれの九星の吉方位を記しました。

（基本的に方位はご自宅、会社を中心に見た方角をさします。）

生まれ年別
九星紫白　月の吉凶方位

《2023(四緑木星)年　12(七赤金星)月》

○引越し、就職等の大きな物事は、全員が北西と東と酉と午方位は不可。
○酉年と午年生まれの場合は、物事始め、移転等は不可。
○全員が「午」の日を選んではいけない。

一白水星生まれ〜吉方位「北」「南西(引越しなどは不可)」
二黒土星生まれ〜吉方位「西(酉方位を除く)」「北東(引越しなどは不可)」
三碧木星生まれ〜吉方位「南西」
四緑木星生まれ〜吉方位「北」
五黄土星生まれ〜吉方位「南(午方位を除く)」
六白金星生まれ〜吉方位「南(午方位を除く)」「北西(引越しなどは不可)」
七赤金星生まれ〜吉方位「南(午方位を除く)」「北西(引越しなどは不可)」
八白土星生まれ〜吉方位「西(酉方位を除く)」「北西(引越しなどは不可)」
九紫火星生まれ〜吉方位「東・北・北西(すべての方位は引越しなどは不可)」

《２０２４（四緑木星）年　１（六白金星）月》

※立春前（２月３日頃）までは、前の年の四緑木星になります。
○引越し、就職等の大きな物事は、全員が北西と南と酉と未方位は不可。
○酉年と未年生まれの場合は、物事始め、移転等は不可。
○全員が「未」の日を選んではいけない。

一白水星生まれ～吉方位「南（引越しなどは不可）」
二黒土星生まれ～吉方位「東・北東（両方位共引越しなどは不可）」「西（酉方位を除く）」
三碧木星生まれ～吉方位「南西・南（両方位共引越しなどは不可）」
四緑木星生まれ～吉方位「南西」「南（引越しなどは不可）」
五黄土星生まれ～吉方位「北」「西（酉方位を除く）」
六白金星生まれ～吉方位「南」「西（酉方位を除く・引越しなどは不可）」
七赤金星生まれ～吉方位「南」「西（酉方位を除く）」
八白土星生まれ～吉方位「北」「東・北西（両方位共引越しなどは不可）」
九紫火星生まれ～吉方位「東」「南西（引越しなどは不可）」

《２０２４（三碧木星）年　２（五黄土星）月》

※立春後（２月４日頃）から２０２４年の三碧木星になります。
○引越し、就職等の大きな物事は、全員が西と戌と申方位は不可。
○戌年と申年生まれの場合は、物事始め、移転等は不可。
○全員が「申」の日を選んではいけない。
一白水星生まれ～吉方位「北西」
二黒土星生まれ～吉方位「北東」「南西（申方位を除く）」
三碧木星生まれ～吉方位「北」「南西（引越しなどは不可）」
四緑木星生まれ～吉方位「東」「南（引越しなどは不可）」
五黄土星生まれ～吉方位「北東」「南西（申方位を除く）」
六白金星生まれ～吉方位「北」「西（引越しなどは不可）」
七赤金星生まれ～吉方位「北東」「北」
八白土星生まれ～吉方位「南西」「西（引越しなどは不可）」
九紫火星生まれ～吉方位「東」「南東（引越しなどは不可）」

《2024（三碧木星）年　3（四緑木星）月》

○引越し、就職等の大きな物事は、全員が西と北西と戌と酉方位は不可。
○戌年と酉年生まれの場合は、物事始め、移転等は不可。
○全員が「酉」の日を選んではいけない。
一白水星生まれ～吉方位「北東」「西（酉方位を除く・引越しなどは不可）」
二黒土星生まれ～吉方位「南」「北」
三碧木星生まれ～吉方位「南西」
四緑木星生まれ～吉方位「南東」「北西」
五黄土星生まれ～吉方位「南」「東」「北」
六白金星生まれ～吉方位「北東」「南西」
七赤金星生まれ～吉方位「西（酉方位を除く）」「南西」
八白土星生まれ～吉方位「北」「東（引越しなどは不可）」
九紫火星生まれ～吉方位「南東」

《2024(三碧木星)年　4(三碧木星)月》

○引越し、就職等の大きな物事は、全員が西と北西と戌方位は不可。
○戌年生まれの場合は、物事始め、移転等は不可。
○全員が「戌」の日を選んではいけない。

一白水星生まれ～吉方位　なし
二黒土星生まれ～吉方位「南西」「北」
三碧木星生まれ～吉方位「北西(戌方位を除く・引越しなどは不可)」「東(引越しなどは不可)」
四緑木星生まれ～吉方位「東(引越しなどは不可)」
五黄土星生まれ～吉方位「北」「南西」「南東」
六白金星生まれ～吉方位「南」「北」「南東」
七赤金星生まれ～吉方位「南西」「南東」
八白土星生まれ～吉方位「南東」「南西」
九紫火星生まれ～吉方位「東(引越しなどは不可)」

《2024(三碧木星)年　5(二黒土星)月》

○引越し、就職等の大きな物事は、全員が西と北東と亥方位は不可。
○戌年と亥年生まれの場合は、物事始め、移転等は不可。
○全員が「亥」の日を選んではいけない。
　一白水星生まれ～吉方位「南」「北」
二黒土星生まれ～吉方位「南西(引越しなどは不可)」「東」
三碧木星生まれ～吉方位「西・南東(両方位共引越しなどは不可)」
四緑木星生まれ～吉方位「南東(引越しなどは不可)」
五黄土星生まれ～吉方位「東」「南西(引越しなどは不可)」
六白金星生まれ～吉方位「南東」「北(引越しなどは不可)」
七赤金星生まれ～吉方位「南東」「南(引越しなどは不可)」
八白土星生まれ～吉方位「東」
九紫火星生まれ～吉方位「西(引越しなどは不可)」

《2024(三碧木星)年　6(一白水星)月》

○引越し、就職等の大きな物事は、全員が西と北東と子方位は不可。
○戌年と子年生まれの場合は、物事始め、移転等は不可。
○全員が「子」の日を選んではいけない。

一白水星生まれ～吉方位「北(引越しなどは不可)」「南西」
二黒土星生まれ～吉方位「東」「南東」
三碧木星生まれ～吉方位「北東」「南東(引越しなどは不可)」
四緑木星生まれ～吉方位「西(引越しなどは不可)」
五黄土星生まれ～吉方位「南東」「東」「北西(戌方位を除く)」
六白金星生まれ～吉方位「南西」「東(引越しなどは不可)」
七赤金星生まれ～吉方位「北(引越しなどは不可)」「東」「北西(戌方位を除く)」
八白土星生まれ～吉方位「北西(戌方位を除く)」「東(引越しなどは不可)」「南東」
九紫火星生まれ～吉方位「北東」「西(引越しなどは不可)」

《2024(三碧木星)年　7(九紫火星)月》

○引越し、就職等の大きな物事は、全員が西と南と丑方位は不可。
○戌年と丑年生まれの場合は、物事始め、移転等は不可。
○全員が「丑」の日を選んではいけない。
　一白水星生まれ～吉方位「北東」「南西」
二黒土星生まれ～吉方位「南東」
三碧木星生まれ～吉方位「南」「北西(戌方位を除く)」
四緑木星生まれ～吉方位「北東(丑方位を除く)」「北西(戌方位を除く)」
五黄土星生まれ～吉方位「南東」「西(引越しなどは不可)」
六白金星生まれ～吉方位「東」「南東」
七赤金星生まれ～吉方位「南東」「南西」
八白土星生まれ～吉方位「西(引越しなどは不可)」「南東」
九紫火星生まれ～吉方位「南(引越しなどは不可)」「北東」

《2024（三碧木星）年　8（八白土星）月》

○引越し、就職等の大きな物事は、全員が西と南と寅方位は不可。
○戌年と寅年生まれの場合は、物事始め、移転等は不可。
○全員が「寅」の日を選んではいけない。

一白水星生まれ～吉方位「南東」「東」
二黒土星生まれ～吉方位「北西（戌方位を除く）」
三碧木星生まれ～吉方位「北」「西（引越しなどは不可）」
四緑木星生まれ～吉方位「南」「西（引越しなどは不可）」
五黄土星生まれ～吉方位「北西（戌方位を除く）」「北東（引越しなどは不可）」
六白金星生まれ～吉方位「南東」「北東（寅方位を除く）」
七赤金星生まれ～吉方位「東」「北東（寅方位を除く）」
八白土星生まれ～吉方位「北西（戌方位を除く）」「北東（引越しなどは不可）」
九紫火星生まれ～吉方位「南」「北」

《2024（三碧木星）年　9（七赤金星）月》

○引越し、就職等の大きな物事は、全員が西と東方位は不可。
○戌年と卯年生まれの場合は、物事始め、移転等は不可。
○全員が「卯」の日を選んではいけない。

一白水星生まれ～吉方位「南東」
二黒土星生まれ～吉方位「北西（戌方位を除く）」「西（引越しなどは不可）」
三碧木星生まれ～吉方位「南西」「北東」
四緑木星生まれ～吉方位「北」「南東」
五黄土星生まれ～吉方位「南」「北西（戌方位を除く）」「西（引越しなどは不可）」
六白金星生まれ～吉方位「南」「北西（戌方位を除く）」
七赤金星生まれ～吉方位「南東」「南」「北西（戌方位を除く）」
八白土星生まれ～吉方位「南」「西（引越しなどは不可）」
九紫火星生まれ～吉方位「北」「南西」

《2024（三碧木星）年　10（六白金星）月》

○引越し、就職等の大きな物事は、全員が西と南東方位は不可。
○戌年と辰年生まれの場合は、物事始め、移転等は不可。
○全員が「辰」の日を選んではいけない。
一白水星生まれ～吉方位「北西（戌方位を除く）」
二黒土星生まれ～吉方位「北」「北東」「西（引越しなどは不可）」
三碧木星生まれ～吉方位「東（引越しなどは不可）」「北」
四緑木星生まれ～吉方位「南西」「東（引越しなどは不可）」「南」
五黄土星生まれ～吉方位「北東」「北」「西（引越しなどは不可）」
六白金星生まれ～吉方位「北西（戌方位を除く）」「北」「西（引越しなどは不可）」
七赤金星生まれ～吉方位「東・西（両方位共引越しなどは不可）」「北」
八白土星生まれ～吉方位「北東」「北」
九紫火星生まれ～吉方位「南西」「東」「西（引越しなどは不可）」

《2024(三碧木星)年　11(五黄土星)月》

○引越し、就職等の大きな物事は、全員が西と戌と巳方位は不可。
○戌年と巳年生まれの場合は、物事始め、移転等は不可。
○全員が「巳」の日を選んではいけない。

一白水星生まれ～吉方位「北西」「西(酉方位を除く・引越しなどは不可)」
二黒土星生まれ～吉方位「南」「北東」
三碧木星生まれ～吉方位「南東(巳方位を除く)」「北」
四緑木星生まれ～吉方位「東」「北」
五黄土星生まれ～吉方位「南西」「北東」「南」
六白金星生まれ～吉方位「北東」「南西」「西(引越しなどは不可)」
七赤金星生まれ～吉方位「北西(戌方位を除く)」「南西」「北東」
八白土星生まれ～吉方位「南」「南西」
九紫火星生まれ～吉方位「東」「南東(巳方位を除く)」

《2024(三碧木星)年　12(四緑木星)月》

○引越し、就職等の大きな物事は、全員が西と戌と午方位は不可。
○戌年と午年生まれの場合は、物事始め、移転等は不可。
○全員が「午」の日を選んではいけない。

一白水星生まれ～吉方位「北東」「西(引越しなどは不可)」
二黒土星生まれ～吉方位「南(午方位を除く)」「北」
三碧木星生まれ～吉方位「南西」
四緑木星生まれ～吉方位「南西」「南東」
五黄土星生まれ～吉方位「南(午方位を除く)」「東」「北」
六白金星生まれ～吉方位「北東」「東」「南(午方位を除く)」
七赤金星生まれ～吉方位「南(午方位を除く)」「東」「北東」「西(引越しなどは不可)」
八白土星生まれ～吉方位「東」「北」
九紫火星生まれ～吉方位「東」

《2025(三碧木星)年　1(三碧木星)月》

※立春前(2月3日頃)までは、前の年の三碧木星になります。
○引越し、就職等の大きな物事は、全員が西と戌と未方位は不可。
○戌年と未年生まれの場合は、物事始め、移転等は不可。
○全員が「未」の日を選んではいけない。
一白水星生まれ～吉方位「北西」「南」
二黒土星生まれ～吉方位「南西(未方位を除く)」「北」
三碧木星生まれ～吉方位「東」「北西(戌方位を除く)」
四緑木星生まれ～吉方位「東」
五黄土星生まれ～吉方位「南東」「南西(未方位を除く)」「北」
六白金星生まれ～吉方位「南」「北」「南東」
七赤金星生まれ～吉方位「北東」「南東」「北」
八白土星生まれ～吉方位「南東」「南西(未方位を除く)」
九紫火星生まれ～吉方位「北西(戌方位を除く)」「北東」「南東」

《2025(二黒土星)年　2(二黒土星)月》

※立春後(2月4日頃)から2025年の二黒土星になります。
○引越し、就職等の大きな物事は、全員が西と北東と亥と申方位は不可。
○亥年と申年生まれの場合は、物事始め、移転等は不可。
○全員が「申」の日を選んではいけない。

一白水星生まれ～吉方位「南」「北」
二黒土星生まれ～吉方位「東」「南西(申方位を除く)」
三碧木星生まれ～吉方位「南東」「西(引越しなどは不可)」
四緑木星生まれ～吉方位「南東」「北西(亥方位を除く)」
五黄土星生まれ～吉方位「東」「南西(申方位を除く)」
六白金星生まれ～吉方位「北」「南西(申方位を除く)」
七赤金星生まれ～吉方位「南」「南西(申方位を除く)」
八白土星生まれ～吉方位「東」
九紫火星生まれ～吉方位「西」「北西(亥方位を除く)」

その2
吉を得る事が出来る日を活用し、良い気を貯める

「吉凶は動より生ず」という言葉があり、日々の良い方位を知る事により、その日の良い方位に出かけて行ったり、良い方位を動かす事により吉運を得る事が出来て尚且つ、こまめに良い方位を活用する事により、良い気を貯めて、悪い方位に行った時の凶を軽減する事が出来ます。ご自身の生まれた九星を知り、吉を得る事が出来る日を活用して頂ければ幸いです。

一白水星年生まれ

日々の吉方位を選ぶ時に「六白」の日で「烏兎」の良い日を選び、財神、喜神、休門、生門、開門の方位を動かしたり、その方位に出かける事により、良い気を得る事が出来る。

二黒土星年生まれ

日々の吉方位を選ぶ時に「九紫」または「八白」の日で「烏兎」の良い日を選び、財神、喜神、休門、生門、開門の方位を動かしたり、その方位に出かける事により、良い気を得る事が出来る。

三碧木星年生まれ

日々の吉方位を選ぶ時に「一白」または「四緑」の日で「烏兎」の良い日を選び、財神、喜神、休門、生門、開門の方位を動かしたり、その方位に出かける事により、良い気を得る事が出来る。

四緑木星年生まれ

日々の吉方位を選ぶ時に「一白」の日で「烏兎」の良い日を選び、財神、喜神、休門、生門、開門の方位を動かしたり、その方位に出かける事により、良い気を得る事が出来る。

五黄土星年生まれ

日々の吉方位を選ぶ時に「九紫」または「八白」の日で「烏兎」の良い日を選び、財神、喜神、休門、生門、開門の方位を動かしたり、その方位に出かける事により、良い気を得る事が出来る。

六白金星年生まれ

日々の吉方位を選ぶ時に「八白」の日で「烏兎」の良い日を選び、財神、喜神、休門、生門、開門の方位を動かしたり、その方位に出かける事により、良い気を得る事が出来る。

七赤金星年生まれ

日々の吉方位を選ぶ時に、「八白」または「六白」の日で「烏兎」の良い日を選び、財神、喜神、休門、生門、開門の方位を動かしたり、その方位に出かける事により、良い気を得る事が出来る。

八白土星年生まれ

日々の吉方位を選ぶ時に「九紫」の日で「烏兎」の良い日を選び、財神、喜神、休門、生門、開門の方位を動かしたり、その方位に出かける事により、良い気を得る事が出来る。

九紫火星年生まれ

日々の吉方位を選ぶ時に「四緑」の日で「烏兎」の良い日を選び、財神、喜神、休門、生門、開門の方位を動かしたり、その方位に出かける事により、良い気を得る事が出来る。

守《まも》り本尊《ほんぞん》（御真言《ごしんごん》）

人には生まれ年によって守ってくれる御本尊様、つまり、守り本尊がございます。（　）内の言葉は守り本尊の御真言で、御真言とは御本尊様の言葉です。その御本尊様の御真言を唱えることにより、御本尊様がお守りしてくれます。お参りや不安な時にお唱えください。その生まれ年の人の特徴も記しましたので、参考にしてみてください。

子年生まれ～千手観音菩薩《せんじゅかんのんぼさつ》（オン　バザラタラマ　キリク）
特徴＝社交的でこまごまと動き、人に親切にすることが好き。口が災いとなることがある。
丑年生まれ～虚空蔵菩薩《こくうぞうぼさつ》（ノウボウ　アカシャ　ギャラバヤ　オン　アリキャマリボリ　ソワカ）
特徴＝とてもよく働き、二番手で力を発揮する。正義感が強く、粘り強い大器晩成型。
寅年生まれ～虚空蔵菩薩《こくうぞうぼさつ》（ノウボウ　アカシャ　ギャラバヤ　オン　アリキャマリボリ　ソワカ）
特徴＝明るく行動力があり、協調性には欠けるが、成功を勝ち取る。プライドが高い所がある。
卯年生まれ～文殊菩薩《もんじゅぼさつ》（オン　アハラシノウ）
特徴＝優しく穏やかな性格で、人を和やかにする。自己保身に走る傾向が強い。

辰年生まれ〜普賢菩薩《ふげんぼさつ》（オン　サンマヤサトバン）
特徴＝先を見通す鋭い所があるが、自分の思い通りにならないと相手を負かそうとする。
巳年生まれ〜普賢菩薩《ふげんぼさつ》（オン　サンマヤサトバン）
特徴＝情熱的で優しいが、執着心が強く、プライドが高いので人からの評価をとても気にする。
午年生まれ〜勢至菩薩《せいしぼさつ》（オン　サンザンサクソワカ）
特徴＝明るく行動的で、とても優しい面がある。ただし、こだわりが強い部分もある。
未年生まれ〜大日如来《だいにちにょらい》（オン　アビラウンケン　バザラダトバン）
特徴＝平和主義者で温厚であるが、自分の考えに執着する傾向がある。
申年生まれ〜大日如来《だいにちにょらい》（オン　アビラウンケン　バザラダトバン）
特徴＝器用で何でもこなし、話好きで人気者になる。ただし、人とぶつかる場合がある。
酉年生まれ〜不動明王《ふどうみょうおう》（ノウマクサンマンダ　バザラダンカン）
特徴＝話好きでとても気が利くが、起伏が激しく、反感を買うこともある。
戌年生まれ〜阿弥陀如来《あみだにょらい》（オン　アミリタ　テイセイカラウン）
特徴＝誠実で義理堅く、一本気な所があるので、苦手と思った人には近づかない。
亥年生まれ〜阿弥陀如来《あみだにょらい》（オン　アミリタ　テイセイカラウン）
特徴＝自分の興味がある事には懸命に取り組むが、我が強いので自分勝手に見られる事が多い。

第五章

家を建てるときの擇日《たくじつ》法

家屋を新築・増築・改築する場合、仮住まいや現在の家から良い方位に建築中は住んで、新しい家に入る時も、良い時期に入る必要があります。そのため、建築期間を考えて、建築始めと住み始めの両方が良い時期になるように選ぶ必要があります。これが、現在の家と新築の家の方位の関係となりますが、これに加えて、その年によって、建ててはいけない「家の向き」があり、「坐殺（三殺）」と書かれている方位を座山に建てることはできない方位になります。

つまり家を建てる時に気を付けなければいけないのは、「移動する方位」と「家の座山（坐殺）」、そして、その家に住む方の「生まれ年」が関係してきます。最低限避ける方位は、「五黄方位（年月）」「歳破方位」「月破方位」は避けなければいけません。その他に坐殺（三殺）の座山で建てることも避けなければいけません。また、家の前に、歳や月の五黄が回っている時に建築したり、入居したりすることも避けた方が良いでしょう。

また、プランの段階から神棚や御仏壇の位置を考えて、二階の配置を決め、上を歩かないような配置にすると良いでしょう。
※坐殺(三殺)は、二二三頁の三殺表をご覧ください。

地鎮祭・柱建吉日

甲子・甲寅・甲辰・乙未・乙酉・戊申・庚子・庚午・庚戌・辛卯・壬子・壬寅の日。
※寅の日は三隣亡と重なれば凶と言われていますが、三隣亡と重なる時は、すべての日で行わないようにした方が良いでしょう。
※実際は六十干支のみで決めないで、烏兎・玄空大卦・納音などを併用して決めなければいけません。
古来から柱建の方法として伝えられている建て方は、次のような順番で柱を立てていきます。
○春＝南→東→西→北
(立春から立夏の前の日までを春とします)
○夏＝北→南→西→東
(立夏から立秋の前の日までを夏とします)
○秋＝東→西→北→南
(立秋から立冬の前の日までを秋とします)
○冬＝西→東→南→北
(立冬から立春の前の日までを冬とします)

※この時に柱は、木の状態で立っていた状態で建てると木の伸縮が自然の状態に近いので良いと言われています。

棟上げ（上棟）日の吉日

棟上げには、次の日が吉日とされています。しかし、六十干支のみで決めないで他の擇日法を併用するのが良いでしょう。

甲子・甲辰・甲午・乙卯・乙酉・乙亥・庚子・庚辰
庚午・庚戌・辛丑・辛亥・壬申・癸巳・癸酉・癸亥

神棚の一般的な吉凶方位

○東方位に設置して南向き、西向きは吉
○東南方に設置して北西向き、西向きは吉
○南方位に設置して北向きは凶、東向きは吉
○西方位に設置して東向き、南向きは吉
○北西方位に設置して、南向き、南東向き、東向きは吉
○北方位に設置して、南向き、東向きは吉
○南西方位と北東方位は凶。※これは、鬼門（北東）と裏鬼門（南西）との関係と思われます。

※神棚はどういう場所に設置するかがとても大切で、下を通る場所は凶、部屋の出入り口を背にして設置するのは凶、二階で上を歩くのは凶、階段下、階段のすぐ横は凶、むき出しの根太が神棚を刺すのは凶、竿縁天井の竿が刺すのは凶、下が窓なのは凶となります。
※風水的には、前記の条件に加えて、些子水法《さいし》の来去水《らいきょ》と合わせることによって、大きな加護を受けることができます。

仏壇の一般的な吉凶方位

○東方位に設置して西向き、南向きは吉
○東南方位に設置して東向き、南向き、西向きは吉
○南方位設置して、東向きは吉
○西方位に設置して、東向き、東南向き、南向きは吉
○北西方位に設置して、南向きは吉
○北東方位(鬼門)、南西方位(裏鬼門)に設けることも向けることも凶。
※仏壇もどのような場所に設置するかが大切で、二階で仏壇の上を歩くのは凶。壁を挟んでも、トイレや水回り、レンジなどの隣は凶、階段の下や隣は凶、出入り口を背にするのは凶、前が通路になっているような場所は凶、壁を挟んでも後ろを歩くような場所は凶となります。
※風水的には、前記の条件に加えて、些子水法の来去水と合わせることによって、大きな加護を受け

ることができます。

かまどの位置と向き

かまどの位置は、東、東南、西北、西に置き、火口の向け方は東南向けを大吉、東向き、南向きを吉と古来から言われています。

井戸掘り・井戸さらい

水は人が生きていくのに一番必要なものであるため、風水上からも、井戸を家屋敷内の吉方位置に設置する必要があります。

その位置が悪いと健康に大きな影響があり、特に腎臓、膀胱、胃腸系、癌などの病気になりやすいと言われており、古来から風水学上では、家の中心から、甲、乙、庚、辛、壬、癸の六干の方位が良いとされています。十二支方位はその方位生まれの人などに悪影響があるとされています。

古書では井戸を掘る日は、甲子、乙亥、庚子、辛亥、壬子、壬申、癸酉、癸亥の日が良いとされていますが、これは十干十二支に水の干支が入っていて、十干と十二支が相生する日を六十干支から選んでいますが、この方位に年月日の凶神が入る時は凶となります。

なお古書での井戸さらいの吉日は、春は甲子、壬子、癸亥の日、秋は庚子、辛亥、壬寅、甲寅の日が吉日です。ただし、冬の土用、夏の土用中は、井戸さらいはしないほうがよいと古来から伝えられています。

本年の年忌

本年令和六年の年忌を記しました。法事などにお役立てください。

○一回忌……………令和　五　年　亡（二〇二三年）
○三回忌……………令和　四　年　亡（二〇二二年）
○七回忌……………平成三十年　亡（二〇一八年）
○十三回忌…………平成二十四年亡（二〇一二年）
○十七回忌…………平成二十年　亡（二〇〇八年）
○二十三回忌………平成十四年　亡（二〇〇二年）
○二十七回忌………平成　十　年　亡（一九九八年）
○三十三回忌………平成　四　年　亡（一九九二年）
○三十七回忌………昭和六十三年亡（一九八八年）
○五十回忌…………昭和五十年　亡（一九七五年）
○百回忌……………大正十四年　亡（一九二五年）

坐殺《ざさつ》（三殺《さんさつ》）

三殺（坐殺）とは、年と家の座山の五行が合わない時期を言い、年月日時にそれぞれ三殺がある年月日時すべて、左の表で対応できます。

三殺は悪いことが集まるという意味で、三殺に當《あた》る年に家や墓を動かすことは、その家や、住人・子孫に悪影響が出ると考えられています。

家や墓が三殺に當る時は、家の改築や増築などや墓の補修やカロートの蓋も開けるべきではありません。つまり、墓や家に関わることはすべて行ってはいけません。

また、三殺に當る年月日に、三殺の座山を取って家や墓を建ててはいけません。増して、五黄が家や墓の前や後に回座している場合は、九年以内に必ず人が亡くなると言われています。

三殺表

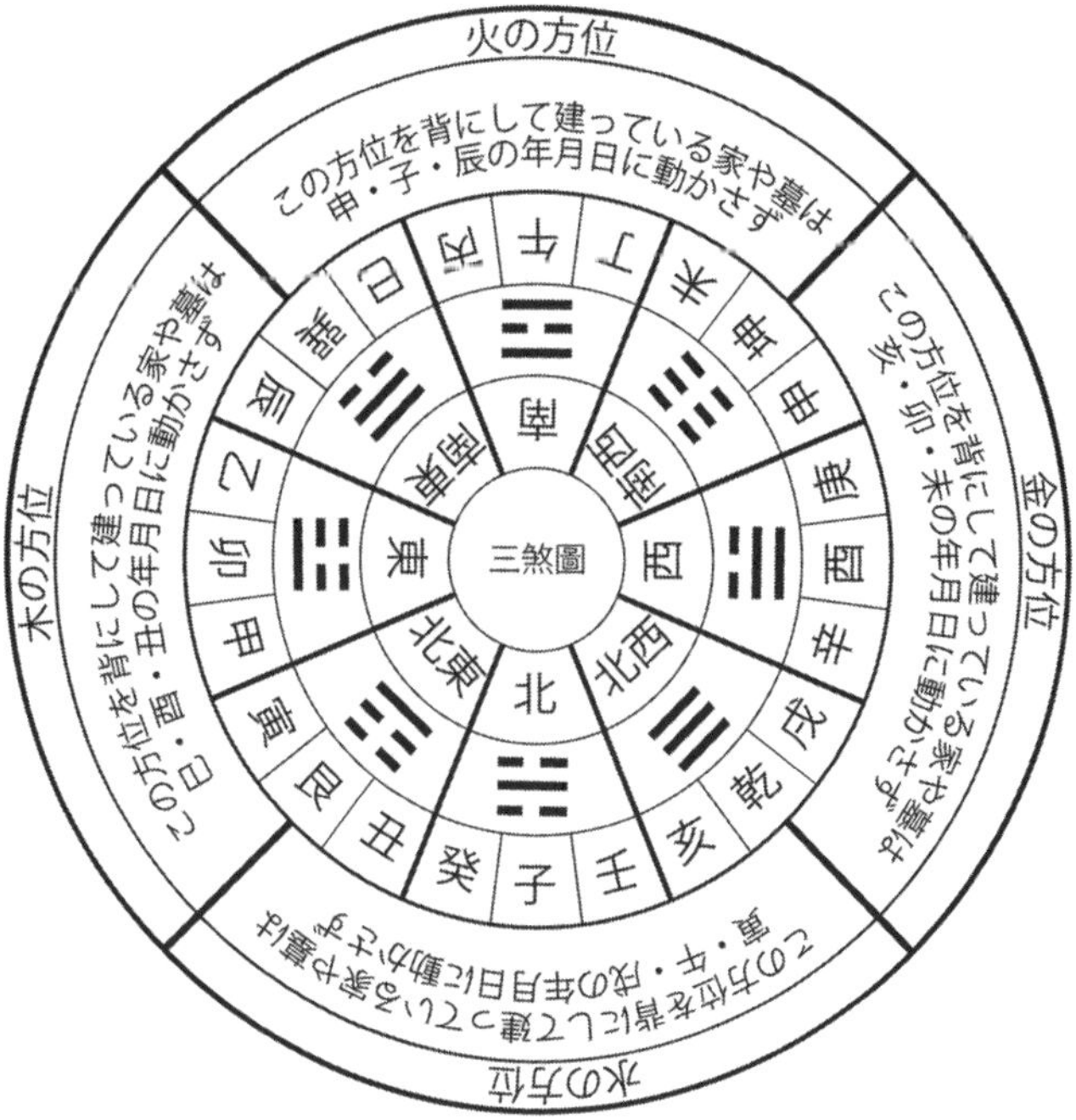
火の方位
この方位を背にして建っている家や墓は
申・子・辰の年月日に動かさず
金の方位
この方位を背にして建っている家や墓は
亥・卯・未の年月日に動かさず
水の方位
この方位を背にして建っている家や墓は
寅・午・戌の年月日に動かさず
木の方位
この方位を背にして建っている家や墓は
巳・酉・丑の年月日に動かさず
三煞圖
南
南西
西
北西
北
北東
東
南東
丙
午
丁
未
坤
申
庚
酉
辛
戌
乾
亥
壬
子
癸
丑
艮
寅
甲
卯
乙
辰
巽
巳

日家八門《にっかはちもん》の看方

日家八門では、方位の善し悪しを看ます。

烏兎《うと》や二十八宿、他で良い日を算出したら、方位が良いかどうかを見なくてはいけないので、旅行や改築方位などを三吉門の方を取るようにすると良いです。

良い「日」を選んだら、その日の干支を見て、「日家八門定局表」（二一六〜二一七頁参照）の上部から、その干支を探し、その日が、冬至から夏至の前の日までだったら、右の列を見ます。夏至から冬至の前の日の間であったならば、表の左の列を見て、三吉門を探し、方位が良いかを確かめます。

1. 休門《きゅうもん》（吉星）＝機智と安定を司る。
2. 生門《せいもん》（吉星）＝改革と発生を司る。
3. 傷門《しょうもん》（凶星）＝挫折と破れを司る。
4. 杜門《ともん》（凶星）＝欺瞞と閉塞を司る。
5. 景門《けいもん》（半吉）＝華麗と虚栄・発展を司る。
6. 死門《しもん》（凶星）＝停止と停滞を司る。

7. 驚門《きょうもん》(凶星)=不安と障害を司る。
8. 開門《かいもん》(吉星)=順調と発展を司る。

※八門は三吉・四凶・一平門と言い、三吉は「休門」「生門」「開門」、一平門は「景門」他の四門は「四凶」となります。

※家で何かを行う場合は、座山に、三吉門が入るのを「上吉」とします。

表に書いてある八卦の方位

坎=北　離=南
艮=東北　坤=南西
震=東　兌=西
巽=東南　乾=北西

※各方位は、四十五度です。

風水資料

曜殺表

後天曜	先天曜	本曜	劫殺	座山
午	申	亥	申	壬
卯	巳	辰	巳	子
卯	巳	辰	巳	癸
辰	酉	巳	辰	丑
申	午	寅	丁	艮
午	申	亥	未	寅
寅	亥	午	丙	甲
亥	寅	申	丁	卯
酉	辰	卯	申	乙
卯	巳	辰	未	辰
巳	卯	酉	癸	巽
辰	酉	巳	酉	巳
申	午	寅	辛	丙
午	申	亥	酉	午
辰	酉	巳	寅	丁
亥	寅	申	癸	未
酉	辰	卯	乙	坤
卯	巳	辰	癸•丑	申
亥	寅	申	午	庚
辰	酉	巳	寅	酉
巳	卯	酉	丑	辛
午	申	亥	丑	戌
寅	亥	午	卯	乾
亥	寅	申	乙	亥

玄空五行

4•9	3•8	2•7	1•6
金	木	火	水

八殺表

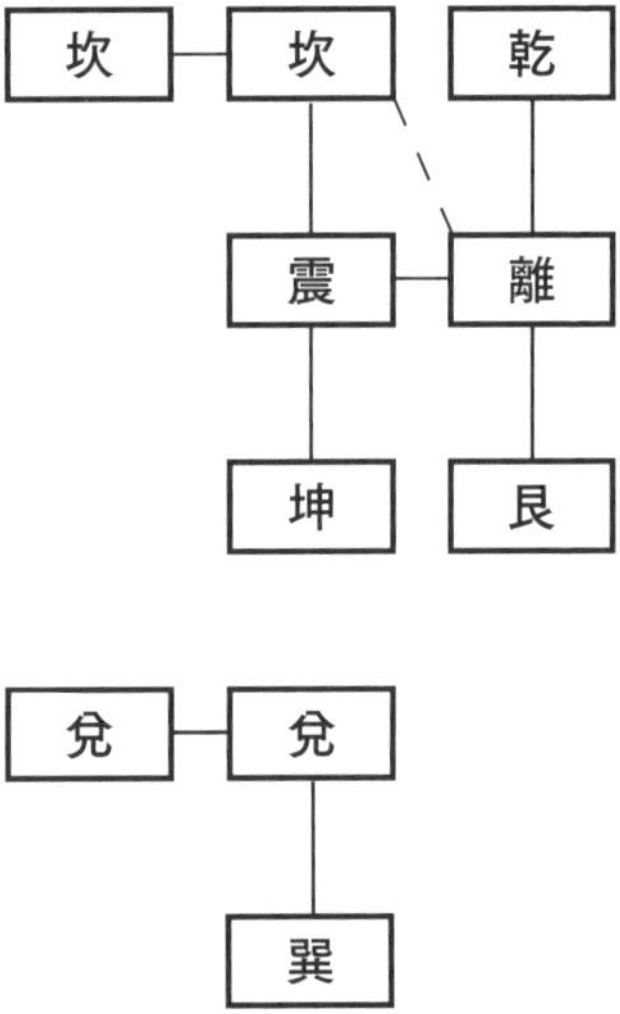

坐山坐向度数表

八方位＼坐山	坐山	坐山の度数	陰陽	向	向き度数	陰陽
北 ☵	壬山	337.5～352.5度	陽	丙向	157.5～172.5度	陽
	子山	352.5～7.5度	陰	午向	172.5～187.5度	陰
	癸山	7.5～22.5度	陰	丁向	187.5～202.5度	陰
北東 ☶	丑山	22.5～37.5度	陰	未向	202.5～217.5度	陰
	艮山	37.5～52.5度	陽	坤向	217.5～232.5度	陽
	寅山	52.5～67.5度	陽	申向	232.5～247.5度	陽
東 ☳	甲山	67.5～82.5度	陽	庚向	247.5～262.5度	陽
	卯山	82.5～97.5度	陰	酉向	262.5～277.5度	陰
	乙山	97.5～112.5度	陰	辛向	277.5～292.5度	陰
南東 ☴	辰山	112.5～127.5度	陰	戌向	292.5～307.5度	陰
	巽山	127.5～142.5度	陽	乾向	307.5～322.5度	陽
	巳山	142.5～157.5度	陽	亥向	322.5～337.5度	陽
南 ☲	丙山	157.5～172.5度	陽	壬向	337.5～352.5度	陽
	午山	172.5～187.5度	陰	子向	352.5～7.5度	陰
	丁山	187.5～202.5度	陰	癸向	7.5～22.5度	陰
西南 ☷	未山	202.5～217.5度	陰	丑向	22.5～37.5度	陰
	坤山	217.5～232.5度	陽	艮向	37.5～52.5度	陽
	申山	232.5～247.5度	陽	寅向	52.5～67.5度	陽
西 ☱	庚山	247.5～262.5度	陽	甲向	67.5～82.5度	陽
	酉山	262.5～277.5度	陰	卯向	82.5～97.5度	陰
	辛山	277.5～292.5度	陰	乙向	97.5～112.5度	陰
北西 ☰	戌山	292.5～307.5度	陰	辰向	112.5～127.5度	陰
	乾山	307.5～322.5度	陽	巽向	127.5～142.5度	陽
	亥山	322.5～337.5度	陽	巳向	142.5～157.5度	陽

刻紫白速査表

陰遁日《いんとんび》 夏至に最も近い甲子の日より 冬至に最も近い癸亥の日(6月頃)			陽遁日《ようとんび》 冬至に最も近い甲子の日より 夏至に最も近い癸亥の日(12月頃)			
一・四・七 寅・巳・申・亥の日	二・五・八 丑・辰・未・戌の日	三・六・九 子・卯・午・酉の日	三・六・九 寅・巳・申・亥の日	二・五・八 丑・辰・未・戌の日	一・四・七 子・卯・午・酉の日	九星／刻
三	六	九	七	四	一	子 23-01
二	五	八	八	五	二	丑 01-03
一	四	七	九	六	三	寅 03-05
九	三	六	一	七	四	卯 05-07
八	二	五	二	八	五	辰 07-09
七	一	四	三	九	六	巳 09-11
六	九	三	四	一	七	午 11-13
五	八	二	五	二	八	未 13-15
四	七	一	六	三	九	申 15-17
三	六	九	七	四	一	酉 17-19
二	五	八	八	五	二	戌 19-21
一	四	七	九	六	三	亥 21-23

天《てん》元《げん》烏《う》兎《と》經《きょう》時《じ》局《きょく》表

甲己日十二時辰吉凶

甲子時	乙丑時	丙寅時	丁卯時	戊辰時	己巳時
値時水星	値時太陰	値時木星	値時計都	値時土星	値時羅睺
財源浪浪	財丁両旺	爲官富厚	財敗人亡	災禍人亡	官符損丁
庚午時	**辛未時**	**壬申時**	**癸酉時**	**甲戌時**	**乙亥時**
値時金星	値時太陽	値時火星	値時水星	値時太陰	値時木星
人傑富貴	栄華富貴	五亡火災	財源浪浪	財丁両旺	爲官富厚

乙庚日十二時辰吉凶

丙子時	丁丑時	戊寅時	己卯時	庚辰時	辛巳時
値時金星	値時羅睺	値時土星	値時計都	値時木星	値時太陰
人傑富貴	官符損丁	災禍人亡	財敗人亡	爲官富厚	財丁両旺
壬午時	**癸未時**	**甲申時**	**乙酉時**	**丙戌時**	**丁亥時**
値時水星	値時火星	値時太陽	値時金星	値時羅睺	値時土星
財源浪浪	五亡火災	栄華富貴	人傑富貴	官符損丁	災禍人亡

丙辛日十二時辰吉凶

戊子時	己丑時	庚寅時	辛卯時	壬辰時	癸巳時
値時木星	値時太陰	値時水星	値時火星	値時太陽	値時金星
爲官富厚	財丁両旺	財源浪浪	五亡火災	栄華富貴	人傑富貴
甲午時	**乙未時**	**丙申時**	**丁酉時**	**戊戌時**	**己亥時**
値時羅睺	値時土星	値時計都	値時木星	値時太陰	値時水星
官符損丁	災禍人亡	財敗人亡	爲官富厚	財丁両旺	財源浪浪

丁壬日十二時辰吉凶

庚子時	辛丑時	壬寅時	癸卯時	甲辰時	乙巳時
値時火星	値時水星	値時太陰	値時木星	値時計都	値時土星
五亡火災	財源浪浪	財丁両旺	爲官富厚	財敗人亡	災禍人亡
丙午時	**丁未時**	**戊申時**	**己酉時**	**庚戌時**	**辛亥時**
値時羅睺	値時金星	値時太陽	値時火星	値時水星	値時太陰
官符損丁	人傑富貴	栄華富貴	五亡火災	財源浪浪	財丁両旺

戊癸日十二時辰吉凶

壬子時	癸丑時	甲寅時	乙卯時	丙辰時	丁巳時
値時土星	値時羅睺	値時金星	値時太陽	値時火星	値時水星
災禍人亡	官符損丁	人傑富貴	栄華富貴	五亡火災	財源浪浪
戊午時	**己未時**	**庚申時**	**辛酉時**	**壬戌時**	**癸亥時**
値時太陰	値時木星	値時計都	値時土星	値時羅睺	値時金星
財丁両旺	爲官富厚	財敗人亡	災禍人亡	官符損丁	人傑富貴

六十四卦命卦算出表

甲子生 1 一 坤為地《こんいち》	丙子生 6 三 山雷頤《さんらいい》	戊子生 7 四 水雷屯《すいらいちゅん》	庚子生 2 九 風雷益《ふうらいえき》	壬子生 8 一 震為雷《しんいらい》
乙丑生 3 六 火雷噬嗑《からいぜいごう》	丁丑生 4 七 澤雷隨《たくらいずい》	己丑生 9 二 天雷无妄《てんらいむもう》	辛丑生 1 三 地火明夷《ちかめいい》	癸丑生 6 八 山火賁《さんかひ》
丙寅生 2 四 風火家人《ふうかかじん》	戊寅生 8 六 雷火豐《らいかほう》	庚寅生 3 一 離為火《りいか》	壬寅生 9 七 天火同人《てんかどうじん》	甲寅生 7 九 水火既済《すいかきせい》
丁卯生 6 九 山澤損《さんたくそん》	己卯生 7 八 水澤節《すいたくせつ》	辛卯生 2 三 風澤中孚《ふうたくちゅうふ》	癸卯生 8 七 雷澤帰妹《らいたくきまい》	乙卯生 1 四 地澤臨《ちたくりん》
戊辰生 9 六 天澤履《てんたくり》	庚辰生 1 九 地天泰《ちてんたい》	壬辰生 6 四 山天大畜《さんてんたいちく》	甲辰生 3 二 火澤睽《かたくけい》	丙辰生 4 一 兌為澤《だいたく》
己巳生 8 二 雷天大壮《らいてんたいそう》	辛巳生 3 七 火天大有《かてんたいゆう》	癸巳生 4 六 澤天夬《たくてんかい》	乙巳生 7 三 水天需《すいてんじゅ》	丁巳生 2 八 風天小畜《ふうてんしょうちく》
庚午生 8 九 雷風恒《らいふうこう》	壬午生 2 一 巽為風《そんいふう》	甲午生 9 一 乾為天《けんいてん》	丙午生 4 三 澤風大過《たくふうたいか》	戊午生 3 四 火風鼎《かふうてい》
辛未生 9 三 天水訟《てんすいしょう》	癸未生 4 八 澤水困《たくすいこん》	乙未生 7 六 水風井《すいふうせい》	丁未生 6 七 山風蠱《さんぷうこ》	己未生 1 二 地風升《ちふうしょう》
壬申生 1 七 地水師《ちすいし》	甲申生 3 九 火水未済《かすいびせい》	丙申生 8 四 雷水解《らいすいかい》	戊申生 2 六 風水渙《ふうすいかん》	庚申生 7 一 坎為水《かんいすい》
癸酉生 2 七 風山漸《ふうざんぜん》	乙酉生 9 四 天山遯《てんざんとん》	丁酉生 4 九 澤山咸《たくざんかん》	己酉生 3 八 火山旅《かざんりょ》	辛酉生 8 三 雷山小過《らいざんしょうか》
甲戌生 7 二 水山蹇《すいざんけん》	丙戌生 6 一 艮為山《ごんいざん》	戊戌生 1 六 地山謙《ちざんけん》	庚戌生 9 九 天地否《てんちひ》	壬戌生 4 四 澤地萃《たくちすい》
乙亥生 3 三 火地晋《かちしん》	丁亥生 8 八 雷地豫《らいちよ》	己亥生 2 二 風地観《ふうちかん》	辛亥生 7 七 水地比《すいちひ》	癸亥生 6 六 山地剥《さんちはく》

六十四卦刻査表

時間＼日干	甲・己	乙・庚	丙・辛	丁・壬	戊・癸
子 (23〜01)	甲子 坤為地《こんいち》 1 ䷁ 二	丙子 山雷頤《さんらいい》 6 ䷚ 三	戊子 水雷屯《すいらいちゅん》 7 ䷂ 四	庚子 風雷益《ふうらいえき》 2 ䷩ 九	壬子 震為雷《しんいらい》 8 ䷲ 一
丑 (01〜03)	乙丑 火雷噬嗑《からいぜいごう》 3 ䷔ 六	丁丑 澤雷隨《たくらいずい》 4 ䷐ 七	己丑 天雷无妄《てんらいむもう》 9 ䷘ 二	辛丑 地火明夷《ちかめいい》 1 ䷣ 三	癸丑 山火賁《さんかひ》 6 ䷕ 八
寅 (03〜05)	丙寅 風火家人《ふうかかじん》 2 ䷤ 四	戊寅 雷火豐《らいかほう》 8 ䷶ 六	庚寅 離為火《りいか》 3 ䷝ 一	壬寅 天火同人《てんかどうじん》 9 ䷌ 七	甲寅 水火既済《すいかきせい》 7 ䷾ 九
卯 (05〜07)	丁卯 山澤損《さんたくそん》 6 ䷨ 九	己卯 水澤節《すいたくせつ》 7 ䷻ 八	辛卯 風澤中孚《ふうたくちゅうふ》 2 ䷼ 二	癸卯 雷澤帰妹《らいたくきまい》 8 ䷵ 七	乙卯 地澤臨《ちたくりん》 1 ䷒ 四
辰 (07〜09)	戊辰 天澤履《てんたくり》 9 ䷉ 六	庚辰 地天泰《ちてんたい》 1 ䷊ 九	壬辰 山天大畜《さんてんたいちく》 6 ䷙ 四	甲辰 火澤睽《かたくけい》 3 ䷥ 二	丙辰 兌為澤《だいたく》 4 ䷹ 一
巳 (09〜11)	己巳 雷天大壮《らいてんたいそう》 8 ䷡ 二	辛巳 火天大有《かてんたいゆう》 3 ䷍ 七	癸巳 澤天夬《たくてんかい》 4 ䷪ 六	乙巳 水天需《すいてんじゅ》 7 ䷄ 三	丁巳 風天小畜《ふうてんしょうちく》 2 ䷈ 八
午 (11〜13)	庚午 雷風恒《らいふうこう》 8 ䷟ 九	壬午 巽為風《そんいふう》 2 ䷸ 一	甲午 乾為天《けんいてん》 9 ䷀ 一	丙午 澤風大過《たくふうたいか》 4 ䷛ 三	戊午 火風鼎《かふうてい》 3 ䷱ 四
未 (13〜15)	辛未 天水訟《てんすいしょう》 9 ䷅ 三	癸未 澤水困《たくすいこん》 4 ䷮ 八	乙未 水風井《すいふうせい》 7 ䷯ 六	丁未 山風蠱《さんぷうこ》 6 ䷑ 七	己未 地風升《ちふうしょう》 1 ䷭ 二
申 (15〜17)	壬申 地水師《ちすいし》 1 ䷆ 七	甲申 火水未済《かすいびせい》 3 ䷿ 九	丙申 雷水解《らいすいかい》 8 ䷧ 四	戊申 風水渙《ふうすいかん》 2 ䷺ 六	庚申 坎為水《かんいすい》 7 ䷜ 一
酉 (17〜19)	癸酉 風山漸《ふうざんぜん》 2 ䷴ 七	乙酉 天山遯《てんざんとん》 9 ䷠ 四	丁酉 澤山咸《たくざんかん》 4 ䷞ 九	己酉 火山旅《かざんりょ》 3 ䷷ 八	辛酉 雷山小過《らいざんしょうか》 8 ䷽ 三
戌 (19〜21)	甲戌 水山蹇《すいざんけん》 7 ䷦ 二	丙戌 艮為山《ごんいざん》 6 ䷳ 一	戊戌 地山謙《ちざんけん》 1 ䷎ 六	庚戌 天地否《てんちひ》 9 ䷋ 九	壬戌 澤地萃《たくちすい》 4 ䷬ 四
亥 (21〜23)	乙亥 火地晋《かちしん》 3 ䷢ 三	丁亥 雷地豫《らいちよ》 8 ䷏ 八	己亥 風地観《ふうちかん》 2 ䷓ 二	辛亥 水地比《すいちひ》 7 ䷇ 七	癸亥 山地剥《さんちはく》 6 ䷖ 六

納音命卦速査表

甲子 海中金《かいちゅうきん》	丙子 潤下水《かんかすい》	戊子 霹靂火《へきれきか》	庚子 壁上土《へきじょうど》	壬子 桑拓木《そうしゃもく》
乙丑 海中金	丁丑 潤下水	己丑 霹靂火	辛丑 壁上土	癸丑 桑拓木
丙寅 爐中火《ろちゅうか》	戊寅 城頭土《じょうとうど》	庚寅 松柏木《しょうはくぼく》	壬寅 金箔金《きんぱくきん》	甲寅 大渓水《たいけいすい》
丁卯 爐中火	己卯 城頭土	辛卯 松柏木	癸卯 金箔金	乙卯 大渓水
戊辰 大林木《たいりんぼく》	庚辰 白鑞金《はくろうきん》	壬辰 長流水《ちょうりゅうすい》	甲辰 覆燈火《ふくとうか》	丙辰 砂中土《さちゅうど》
己巳 大林木	辛巳 白鑞金	癸巳 長流水	乙巳 覆燈火	丁巳 砂中土
庚午 路傍土《ろぼうど》	壬午 楊柳木《ようりゅうぼく》	甲午 沙中金《さちゅうきん》	丙午 天河水《てんがすい》	戊午 天上火《てんじょうか》
辛未 路傍土	癸未 楊柳木	乙未 沙中金	丁未 天河水	己未 天上火
壬申 剣鋒金《けんぽうきん》	甲申 井泉水《せいせんすい》	丙申 山下火《さんげか》	戊申 大駅土《だいえきど》	庚申 拓榴木《ざくろぼく》
癸酉 剣鋒金	乙酉 井泉水	丁酉 山下火	己酉 大駅土	辛酉 拓榴木
甲戌 山頭火《さんとうか》	丙戌 屋上土《おくじょうど》	戊戌 平地木《へいちぼく》	庚戌 釵釧金《せいせんきん》	壬戌 大海水《たいかいすい》
乙亥 山頭火	丁亥 屋上土	己亥 平地木	辛亥 釵釧金	癸亥 大海水

納音刻査表

戊 癸	丁 壬	丙 辛	乙 庚	甲 己	日干／時間
壬子 桑拓木	庚子 壁上土	戊子 霹靂火	丙子 澗下水	甲子 海中金	子 23－01
癸丑 桑拓木	辛丑 壁上土	己丑 霹靂火	丁丑 澗下水	乙丑 海中金	丑 01－03
甲寅 大渓水	壬寅 金箔金	庚寅 松柏木	戊寅 城頭土	丙寅 爐中火	寅 03－05
乙卯 大渓水	癸卯 金箔金	辛卯 松柏木	己卯 城頭土	丁卯 爐中火	卯 05－07
丙辰 砂中土	甲辰 覆燈火	壬辰 長流水	庚辰 白鑞金	戊辰 大林木	辰 07－09
丁巳 砂中土	乙巳 覆燈火	癸巳 長流水	辛巳 白鑞金	己巳 大林木	巳 09－11
戊午 天上火	丙午 天河水	甲午 沙中金	壬午 楊柳木	庚午 路傍土	午 11－13
己未 天上火	丁未 天河水	乙未 沙中金	癸未 楊柳木	辛未 路傍土	未 13－15
庚申 拓榴木	戊申 大駅土	丙申 山下火	甲申 井泉水	辛申 剣鋒金	申 15－17
辛酉 拓榴木	己酉 大駅土	丁酉 山下火	乙酉 井泉水	癸酉 剣鋒金	酉 17－19
壬戌 大海水	庚戌 釵釧金	戊戌 平地木	丙戌 屋上土	甲戌 山頭火	戌 19－21
癸亥 大海水	辛亥 釵釧金	己亥 平地木	丁亥 屋上土	乙亥 山頭火	亥 21－23

到方検査表　玄空地気学

六十甲子（日支）	甲子・癸酉 壬午・辛卯・戊午（七日） 庚子・己酉				乙丑・甲戌 癸未・壬辰・己未（七日） 辛丑・庚戌				丙寅・乙亥 甲申・癸巳・庚申（七日） 壬寅・辛亥				丁卯・丙子 乙酉・甲午・辛酉（七日） 癸卯・壬子			
	金星	太陽	太陰	木星	金星	太陽	太陰	木星	金星	太陽	太陰	木星	金星	太陽	太陰	木星
冬至	坤	乾	兌	離	震	兌	艮	坎	巽	艮	離	坤	中	離	坎	震
立春	離	巽	中	兌	坎	中	乾	艮	坤	乾	兌	離	震	兌	艮	坎
春分	巽	艮	離	坤	中	離	坎	震	乾	坎	坤	巽	兌	坤	震	中
立夏	中	離	坎	震	乾	坎	坤	巽	兌	坤	震	中	艮	震	巽	乾
夏至	艮	巽	震	坎	兌	震	坤	離	乾	坤	坎	艮	中	坎	離	兌
立秋	坎	乾	中	震	離	中	巽	坤	艮	巽	震	坎	兌	震	坤	離
秋分	乾	坤	坎	艮	中	坎	離	兌	巽	離	艮	乾	震	艮	兌	中
立冬	中	坎	離	兌	巽	離	艮	乾	震	艮	兌	中	坤	兌	乾	巽

［順廻］紫炁 ← 羅睺 ← 月孛 ← 太陽 ← 太陰 ← 計都 ← 木星 ← 土星 ← 金星

楊公玉函天星値日四吉星

日	星	1	2	3	4	5	6	7	8
戊辰・丁丑 丙戌・乙未・壬戌（七日） 甲辰・癸丑	金星	乾	巽	艮	離	巽	乾	坤	坎
	太陽	坎	艮	震	巽	離	坤	兌	乾
	太陰	坤	離	巽	中	艮	坎	乾	中
	木星	巽	坤	乾	兌	乾	艮	巽	震
己巳・戊寅 丁亥・丙申・癸亥（七日） 乙巳・甲寅	金星	兌	中	離	坎	震	中	坎	離
	太陽	坤	離	巽	中	艮	坎	乾	中
	太陰	震	坎	中	乾	兌	離	中	巽
	木星	中	震	兌	艮	中	兌	震	坤
庚午・己卯 戊子・丁酉（六日） 丙午・乙卯	金星	艮	乾	坎	坤	坤	巽	離	艮
	太陽	震	坎	中	乾	兌	離	中	巽
	太陰	巽	坤	乾	兌	乾	艮	巽	震
	木星	乾	巽	艮	離	巽	乾	坤	坎
辛未・庚辰 己丑・戊戌（六日） 丁未・丙辰	金星	離	兌	坤	震	坎	震	艮	兌
	太陽	巽	坤	乾	兌	乾	艮	巽	震
	太陰	中	震	兌	艮	中	兌	震	坤
	木星	兌	中	離	坎	震	中	坎	離
壬申・辛巳 庚寅・己亥（六日） 戊申・丁巳	金星	坎	艮	震	巽	離	坤	兌	乾
	太陽	中	震	兌	艮	中	兌	震	坤
	太陰	乾	巽	艮	離	巽	乾	坤	坎
	木星	艮	乾	坎	坤	坤	巽	離	艮

※吉星が向き・座山両方に入るのを上吉とし、次に向きを重んじる。

定局表

日家八門定局	冬至至夏至 陽遁	夏至至冬至 陰遁	冬至至夏至 陽遁	夏至至冬至 陰遁	冬至至夏至 陽遁	夏至至冬至 陰遁	冬至至夏至 陽遁	夏至至冬至 陰遁
	壬子・癸丑・甲寅 戊子・己丑・庚寅 甲子・乙丑・丙寅		辛卯・壬辰・癸巳 乙卯・丙辰・丁巳 丁卯・戊辰・己巳		甲午・乙未・丙申 戊午・己未・庚申 庚午・辛未・壬申		丁酉・戊戌・己亥 辛酉・壬戌・癸亥 癸酉・甲戌・乙亥	
休	坎	離	坤	艮	震	兌	巽	乾
生	艮	坤	兌	震	巽	乾	離	坎
傷	震	兌	乾	巽	離	坎	坤	艮
杜	巽	乾	坎	離	坤	艮	兌	震
景	離	坎	艮	坤	兌	震	乾	巽
死	坤	艮	震	兌	乾	巽	坎	離
驚	兌	震	巽	乾	坎	離	艮	坤
開	乾	巽	離	坎	艮	坤	震	兌

日家八門

夏至 至 冬至 陰遁	冬至 至 夏至 陽遁	夏至 至 冬至 陰遁	冬至 至 夏至 陽遁	夏至 至 冬至 陰遁	冬至 至 夏至 陽遁	夏至 至 冬至 陰遁	冬至 至 夏至 陽遁
乙酉・丙戌・丁亥	己酉・庚戌・辛亥	壬午・癸未・甲申	丙午・丁未・戊申	己卯・庚辰・辛巳	癸卯・甲辰・乙巳	丙子・丁丑・戊寅	庚子・辛丑・壬寅
坎	離	坤	艮	震	兌	巽	乾
艮	坤	兌	震	巽	乾	離	坎
震	兌	乾	巽	離	坎	坤	艮
巽	乾	坎	離	坤	艮	兌	震
離	坎	艮	坤	兌	震	乾	巽
坤	艮	震	兌	乾	巽	坎	離
兌	震	巽	乾	坎	離	艮	坤
乾	巽	離	坎	艮	坤	震	兌

八門定位

坎	艮	震	巽	離	坤	兌	乾
休門	生門	傷門	杜門	景門	死門	驚門	開門

二十八宿刻査表(1)

北方　玄武							東方　青龍							
壁	室	危	虚	女	牛	斗	箕	尾	心	房	氐	亢	角	日 時間
へき	しつ	き	きょ	じょ	ぎゅう	と	き	び	しん	ぼう	てい	こう	かく	
箕	鬼	虚	翼	奎	氐	畢	箕	鬼	虚	翼	奎	氐	畢	子 23－01
斗	柳	危	軫	婁	房	觜	斗	柳	危	軫	婁	房	觜	丑 01－03
牛	星	室	角	胃	心	參	牛	星	室	角	胃	心	參	寅 03－05
女	張	壁	亢	昴	尾	井	女	張	壁	亢	昴	尾	井	卯 05－07
虚	翼	奎	氐	畢	箕	鬼	虚	翼	奎	氐	畢	箕	鬼	辰 07－09
危	軫	婁	房	觜	斗	柳	危	軫	婁	房	觜	斗	柳	巳 09－11
室	角	胃	心	參	牛	星	室	角	胃	心	參	牛	星	午 11－13
壁	亢	昴	尾	井	女	張	壁	亢	昴	尾	井	女	張	未 13－15
奎	氐	畢	箕	鬼	虚	翼	奎	氐	畢	箕	鬼	虚	翼	申 15－17
婁	房	觜	斗	柳	危	軫	婁	房	觜	斗	柳	危	軫	酉 17－19
胃	心	參	牛	星	室	角	胃	心	參	牛	星	室	角	戌 19－21
昴	尾	井	女	張	壁	亢	昴	尾	井	女	張	壁	亢	亥 21－23

二十八宿刻查表(2)

南方　朱雀							西方　白虎							
軫	翼	張	星	柳	鬼	井	參	觜	畢	昴	胃	婁	奎	日 時間
しん	よく	ちょう	せい	りゅう	き	せい	しん	し	ひつ	ぼう	い	ろう	けい	
箕	鬼	虚	翼	奎	氐	畢	箕	鬼	虚	翼	奎	氐	畢	子 23－01
斗	柳	危	軫	婁	房	觜	斗	柳	危	軫	婁	房	觜	丑 01－03
牛	星	室	角	胃	心	參	牛	星	室	角	胃	心	參	寅 03－05
女	張	壁	亢	昴	尾	井	女	張	壁	亢	昴	尾	井	卯 05－07
虚	翼	奎	氐	畢	箕	鬼	虚	翼	奎	氐	畢	箕	鬼	辰 07－09
危	軫	婁	房	觜	斗	柳	危	軫	婁	房	觜	斗	柳	巳 09－11
室	角	胃	心	參	牛	星	室	角	胃	心	參	牛	星	午 11－13
壁	亢	昴	尾	井	女	張	壁	亢	昴	尾	井	女	張	未 13－15
奎	氐	畢	箕	鬼	虚	翼	奎	氐	畢	箕	鬼	虚	翼	申 15－17
婁	房	觜	斗	柳	危	軫	婁	房	觜	斗	柳	危	軫	酉 17－19
胃	心	參	牛	星	室	角	胃	心	參	牛	星	室	角	戌 19－21
昴	尾	井	女	張	壁	亢	昴	尾	井	女	張	壁	亢	亥 21－23

平年用・太陽の天文暦

月日	1	2	3	4	5	6	7	8	9	10	11	12
1	280	311	340	10	40	70	98	128	158	187	218	248
2	281	312	341	11	41	71	99	129	159	188	219	249
3	282	313	341	12	42	72	100	130	160	189	220	250
4	283	314	342	13	43	73	101	131	161	190	221	251
5	284	315	343	14	44	74	102	132	162	191	222	252
6	285	316	344	15	45	74	103	133	163	192	223	253
7	286	317	345	16	46	75	104	134	164	193	224	254
8	287	318	346	17	47	76	105	135	165	194	225	255
9	288	319	347	18	48	77	106	136	166	195	226	256
10	289	320	348	19	49	78	107	137	166	196	227	257
11	290	321	349	20	50	79	108	138	167	197	228	258
12	291	322	350	21	50	80	109	138	168	198	229	259
13	292	323	351	22	51	81	110	139	169	199	230	260
14	293	324	352	23	52	82	111	140	170	200	231	261
15	294	325	353	24	53	83	112	141	171	201	232	262
16	295	326	354	25	54	84	113	142	172	202	233	263
17	296	327	355	26	55	85	114	143	173	203	234	264
18	297	328	356	27	56	86	115	144	174	204	235	265
19	298	329	357	28	57	87	116	145	175	205	236	266
20	299	330	358	29	58	88	116	146	176	206	237	267
21	300	331	359	30	59	89	117	147	177	207	238	268
22	301	332	0	31	60	90	118	148	178	208	239	269
23	302	333	1	32	61	91	119	149	179	209	240	270
24	303	334	2	33	62	92	120	150	180	210	241	271
25	304	335	3	34	63	93	121	151	181	211	242	272
26	305	336	4	35	64	94	122	152	182	212	243	273
27	306	337	5	36	65	95	123	153	183	213	244	274
28	307	338	6	37	66	95	124	154	184	214	245	275
29	308		7	38	67	96	125	155	185	215	246	276
30	309		8	39	68	97	126	156	186	216	247	278
31	310		9		69		127	157		217		279

閏年用・太陽の天文暦

月日	1	2	3	4	5	6	7	8	9	10	11	12
1	279	311	340	11	40	70	99	128	158	187	218	248
2	280	312	341	12	41	71	100	129	159	188	219	249
3	281	313	342	13	42	72	100	130	160	189	220	250
4	282	314	343	14	43	73	101	131	161	190	221	251
5	283	315	344	15	44	74	102	132	162	191	222	252
6	284	316	345	16	45	75	103	133	163	192	223	253
7	285	317	346	17	46	76	104	134	164	193	224	254
8	286	318	347	18	47	77	105	135	165	194	225	255
9	287	319	348	19	48	78	106	136	166	195	226	256
10	288	320	349	20	49	79	107	137	167	196	227	257
11	289	321	350	21	50	80	108	138	168	197	228	258
12	290	322	351	22	51	80	109	139	169	198	229	259
13	291	323	352	23	52	81	110	140	170	199	230	260
14	292	324	353	23	53	82	111	141	171	200	231	261
15	293	325	354	24	54	83	112	142	172	201	232	262
16	294	326	355	25	55	84	113	143	173	202	233	263
17	295	327	356	26	56	85	114	144	174	203	234	265
18	296	328	357	27	56	86	115	144	175	204	235	266
19	297	329	358	28	57	87	116	145	175	205	236	267
20	298	330	359	29	58	88	117	146	176	206	237	268
21	299	331	0	30	59	89	118	147	177	207	238	269
22	300	332	1	31	60	90	119	148	178	208	239	270
23	301	333	2	32	61	91	120	149	179	209	240	271
24	302	334	3	33	62	92	121	150	180	210	241	272
25	303	335	4	34	63	93	121	151	181	211	242	273
26	304	336	5	35	64	94	122	152	182	212	243	274
27	305	337	6	36	65	95	123	153	183	213	244	275
28	307	338	7	37	66	96	124	154	184	214	245	276
29	308	339	8	38	67	97	125	155	185	215	246	277
30	309		9	39	68	98	126	156	186	216	247	278
31	310		10		69		127	157		217		279

三元九運（天運）

下元			中元			上元		
九運	八運	七運	六運	五運	四運	三運	二運	一運
離☲	艮☶	兌☱	乾☰	巽乾	巽☴	震☳	坤☷	坎☵
甲辰至癸亥	甲申至癸卯	甲子至癸未	甲辰至癸亥	甲申至癸卯	甲子至癸未	甲辰至癸亥	甲申至癸卯	甲子至癸未
二十年	二十年	二十年	二十年	二十年	二十年	二十年	二十年	二十年
2024〜2043	2004〜2023	1984〜2003	1964〜1983	1944〜1963	1924〜1943	1904〜1923	1884〜1903	1864〜1883

二元八運（地運）

下元			中元			上元		
九運	八運	七運	六運	五運	四運	三運	二運	一運
乾☰	震☳	坎☵	艮☶		兌☱	離☲	巽☴	坤☷
丁酉至癸亥	丙子至丙申	乙卯至乙亥	甲午至甲寅		庚午至癸巳	丙午至己巳	壬午至乙巳	甲子至辛巳
廿七年	廿一年	廿一年	廿一年		廿四年	廿四年	廿四年	十八年
2017〜2043	1996〜2016	1975〜1995	1954〜1974		1930〜1953	1906〜1929	1882〜1905	1864〜1881

第二部
良い風水の見方

第一章　座向と土地の選び方

座山と向

看法によって座向の考え方が異なる場合がありますが、基本的には、玄関扉の向いている方向を「向《むき》」とし、その一八〇度反対側を「座山《ざざん》」と言います。家や墓の座山と向は基本的に何を表し、どのような役割があり、どのような作用を及ぼすのかを考えてみたいと思います。

水法などでも、座山を基にして判断する些子《さいし》水法や、向を基にして判断する水龍翻卦法などがありますが、この判断法でも、向と水、座と水という風に、座山を主にしているものと、向を主にしているものは、基本的に何が違うのでしょうか。これは、座と向の要素をどのように捉えるかで判断が違ってくると思います。

座とは実際は何なのか？

向とは実際には何なのか？

一般には、向は財を表し、座は身分を表すと言われていますが、本当にそれだけなのか、疑問の残るところです。

座とは、後ろから来るものを受ける役割と、家を守る役割があります。基本の風水では、北が高くて、南が広がっているのを良しとしますが、これは、家が北を座にして南を向いているのが前提の条件です。つまり、家を守る役割をしているのが、後ろにある山であり、それを背にして建てることで、北からの冷たい風を防いだり、雨や雪から家を守る働きをしています。北を背にして建てた場合には、北側に雨などが溜まると、乾きにくく、家を腐らせる要素が出てくるため、北が高い方が、水捌けが良くなり、冬は寒さから守り、夏は北からの涼しい風が入ってきて快適な空間が保たれるのです。

「座山」という言葉は、後ろが高くなってるという意味も内在的に含んでいる訳です。水は高きから、低い方に流れますので、座山側から、向側に流れる様にしなければなりません。これを人に置き換えると、座山は自分の上の祖先にあたります。つまり、祖先が居て、今の自分がある訳ですから、水の流れと一緒で、高きは「祖先」であり、低きは子孫なのです。

その間に自分が居る訳ですから、家に例えると、家の座山が祖先で、家の向きが子孫で、家の中(間取りなど)が自分ということになります。つまり、後ろ(祖先)から流れてきた水を、向の方(子孫)に流す時に、家の座向の取り方で、祖先と子孫をうまく繋げるように流すことができるか、はたまた、子孫がバラバラに流れて行ってしまうかが決定するのです。座山(先祖)が在って、向(子孫)が在るのですから、座山が悪い場合、そのままの運で建てれば、向が悪くなるのは当然の結果なのです。その時にできることは、自分の向をどのような向にするのかで、子孫の善し悪しが決まってしまうのですから、自分の生き方(向)を良い方に向けないと、それが子孫に直に伝わってしまいます。今の自分も、座山(祖先)の影響を直に受けている訳ですから、その向を運任せにしておいては、家運が悪ければ、子孫もその悪影響から逃れることができなくなってしまうのです。

それは、色々な形で現れてきます。自分が病気になったり、子孫を残せなかったり、親子の不和で後を継ぐものが居なかったり、様々な現象を引き起こすのです。これに早く気づかないと、当然手遅れになってしまいます。このような現象を、家や墓を使い、座向を決め、良い方向に持っていくのが風水の基本的概念です。そのためには座山の特性をよく知らなければなりません。それは、龍脈を知ることに繋がります。龍脈とは、家系と同じで、良い物もあれば、悪いものもあります。ですから、良い龍脈に乗ると、子孫が繁栄するのです。しかし、良い龍脈に乗っても、座向が悪ければ、自分は良くても子孫は悪い影響を受けます。それは、自分から流れ出るものが、悪い方向を向いているからなのです。祖先を変えることはできませんが、自分の代から変えることは可能です。そのためには、重ねて言いますが、座山がとても大切になってくるのです。

それでは、向はどのような作用を及ぼすのでしょうか？　向は子孫だと言いましたが、子孫によって家を潰した例はたくさんあります。また、子供が親を不幸にした例もたくさんあります。墓や家のすぐ前に擁壁や崖がある場合、子孫に恵まれることはほとんどありません。また、墓の前が高くなっている場合には、祖先は良くても、子孫には恵まれません。

家も同様な作用があります。家や墓の前には必ず気を溜める場所が必要になります。これが無い場合は、子供たちはせっかちで一生働き詰めの生き方になってしまいます。それでも、働いて子孫が繁栄すれば良いのですが、このような場合には、結婚しても離婚したり、子供が家を離れて行ってしまったりと結局は家を継ぐものが居ない状態になってしまいます。そうでなければ、結婚しても跡継ぎが結婚した先ばかり優先して、跡継ぎの役割を果たさなくなってしまいます。ですから、家や墓の向きは、必ず、巒頭《らんとう》に合った良い向を定めなければいけないのです。

明堂

風水には、明堂《めいどう》というものがあります。明堂とは、狭義では家や墓の前にある空間を言います。つまり、明堂というものは、余裕です。これは金銭的にも言える事です。明堂がない家に住んでいると、金銭的余裕もだんだん無くなってきてしまいます。

すべてにおいて言えることですが、人生に物質的、精神的余裕を持たせるためには、適切な広さの明堂を設ける必要があります。（広ければ良いということではありませんので気を付けてください。）

また、向は、社会との関連や活動を意味します。向が良ければ、活動的で余裕のある生活ができて、社会との繋がりも良好ですが、向が悪ければ、社会に背を向けるような人が出てきます。

この座向の善し悪しは、その家から犯罪者を出すのか、社会に貢献するような者を出すのかくらいの差が出てしまう大切なものなのです。

これを良くして行くためには、まずは、土地の善し悪しが大切になります。それは、土地によって座向の取れる方位が限定されるからです。そこで、まずは土地を選ぶ時に最低限気を付けて土地を選べるように、土地選びの最低条件を羅列しますので、土地選びのご参考にしてください。

土地の良し悪し

●土地の道路に面した幅より、少し奥が広くなっている土地は良。
●前よりも後ろが高くなっている土地は良。
●その土地に建てた時にぽつんと建っているように見える土地は不可。
●墓から最低直線距離で百メートル以内の土地は不可。(百メートル以上でも見える場合は不可)
●歴史的に悲劇が起こった土地は不可。
●自殺や殺人などがあった土地は不可。
●病院、警察などの跡地は不可。

●その土地より高い方位で、尚且つ百メートル以内で悲劇的なことが起こった土地は不可。
●四方隣りに大切にされていないお社(屋敷稲荷など)などがある土地は不可。
●道路より低い土地は不可。
●古井戸がある土地は不可。
●太い古木がある土地は不可。(日安は直径三〇センチメートル以上の木)
●谷筋の土地は不可。
●細長い土地は不可。(間口が六間以上あれば可)
●三角の土地も不可。
●地形が四角でも、間口が四間以下は不可。
●奥行きが四間以下は不可。
●土地の中に水路がある場合は水路がいくら細くても不可。
●前の道路の水が抜けていない土地は不可。
●川の土手のすぐそばは不可。(土手より高ければ可)
●袋小路の土地は不可。
●崖のそばは不可。(四方一カ所でも不可)
●雨が降った時に擁壁や土手から水が土地に入り込むような土地は不可。
●神社やお寺から、五十メートル以内は不可。(五十メートル以外でも入り口と対冲している場合

は不可)
●家のすぐ後ろが道路になっている土地は不可。(歩き専用道路でも不可)
●窪地は不可。
●土地周辺が広範囲に見て、低くなっているような場所は不可。
●低い田を埋め立てた土地は不可。
●乾くと土や砂が飛ぶような土地は不可。(造成の場合は造成前の土の状態)
●湿地帯の埋め立てや、川の埋め立てた土地は不可。
●昔に井戸水が飲めない土地は不可。
●岩盤上は不可。
●土を掘って青い砂が出るような土地は不可。
●埋め立てた土地は、十年以内に建築するのは不可。
●切り土と盛り土が土地内にあるような土地は不可。
●山際から最低百メートル以内は不可。(山の高さと傾斜で変化します)
●元の土地の傾斜が十パーセント以上ある場合の土地は不可。
●道路が斜めに走っている道路際は不可。(道路の低い方が手前に走っているのはさらに悪い)
●道路向かいが崖になっているような土地は不可。
●三区画あって両側に道路がある場合は不可。

●火葬場より三百メートル以内は不可。
●火葬場より土地が低い場合は千メートル以内は不可。
●火葬場や墓地、処刑場から道路が一番低い方にはすべて不可。（道路の雨水が流れて行く方を追い、判断する）
●古い処刑場の周辺三キロメートルは不可。
●処刑場まで行く通路だった道路際は不可。
●西高東低は良いと言われているが、西と東での高低差が五十センチメートル以上の土地は不可。

※簡単に羅列しましたが、実際に選ぶ場合は、一つ一つがもっと深い理論に基づいていて、もっと多くの事に気を付ける必要があり、羅列したもの一つ一つに専門の看方があるので、これで完全な土地だとは思わないでください。しかし、一般の方が土地を選ぶ場合、この程度気を付ければ、風水師が選ぶ土地にには到底及ばないと思いますが、そんなに大きな失敗は無い事でしょう。
※この土地の選び方は、戸建ての一般住宅の建物を建てる時の要件です。

良い土地の条件

1 地形(土地の形)は長方形が良い。真四角の場合は八十坪以上でなければ吉相にはならない。
2 基本的には、南道路の土地を選ぶと良い。
3 北と西が高くて、東と南が低い土地を選ぶと良い。(但しその周辺の地形による)
4 土地自体は通常平であるが、周辺土地を見て、北と西が高く、東と南が低い土地を選ぶ。
5 道路より土地が二十以上五十センチメートル以下で高い方が良い。(道路より土地が低い場合は、道路より二十センチメートル位高くなるまで盛り土が必要である)
6 土地の間口は、最低十二メートル以上で奥行きは間口の四十~六十パーセント長い土地を選ぶ。間口が十二メートルの場合、奥行きは、十七~二十メートル位の土地を選ぶ。
7 南の道路の幅員は六メートル以上(一般住宅二階建の場合)で、歩道が別に在る道路が良い。尚且つ、道路勾配は、二~四パーセントで西が高く東が低く、雨が降った時に水が西から東に流れるような土地を選ぶ。
8 無くても良いが、東に道路が在れば、なお良いが、その場合、道路の幅員は三~六メートル位が良く、勾配は北が高く南が低い状態で、雨が降った時に、北から南に流れるのが良い。できれば、北から南への一方通行が良く、車の交通量は少ない方が良い。交通量が多い場合は、東の道路は

【良い土地】

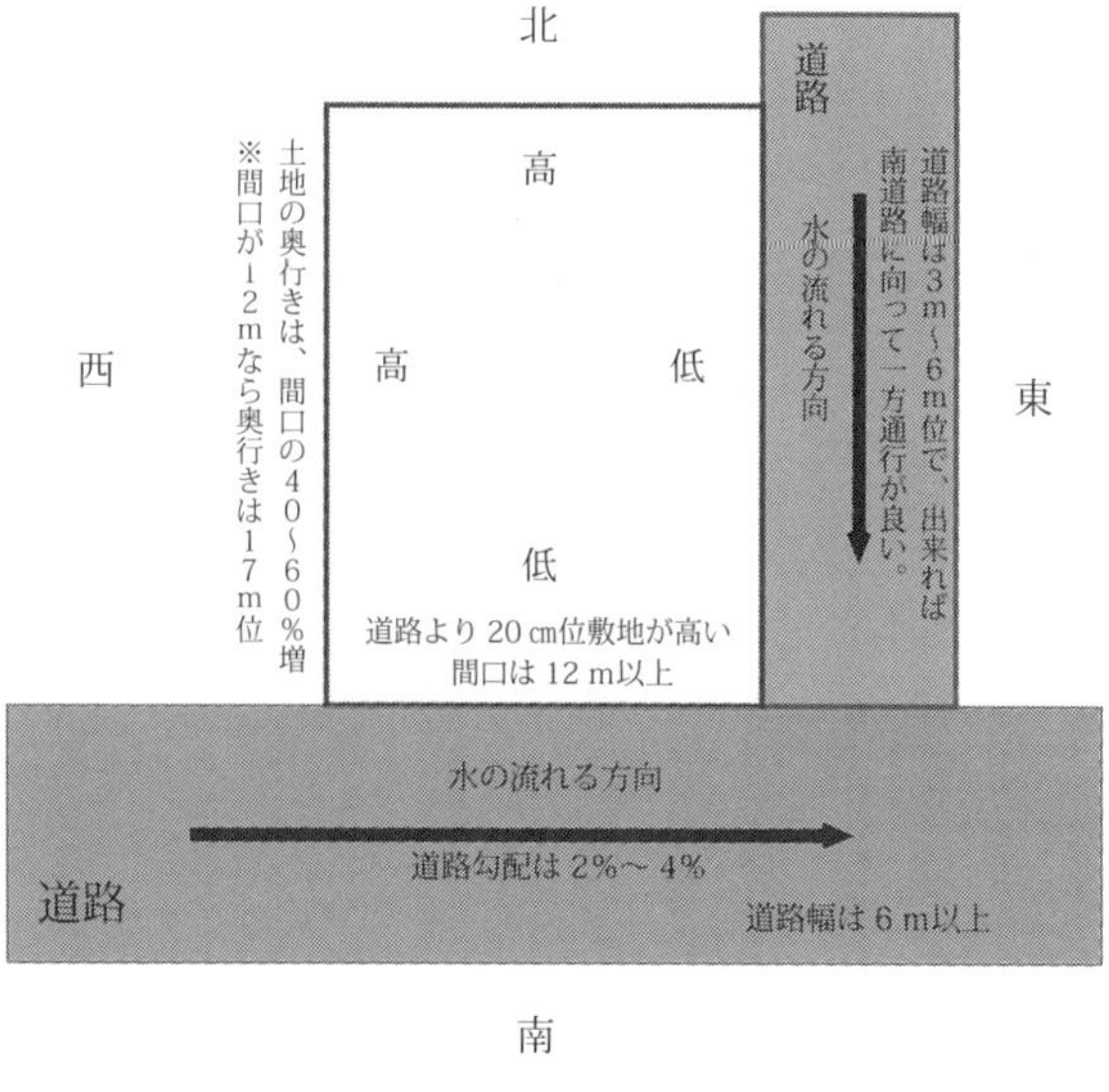
北
西
東
南
高
高
低
低
土地の奥行きは、間口の40~60%増
※間口が12mなら奥行きは17m位
道路より 20 ㎝位敷地が高い
間口は 12 m以上
道路
水の流れる方向
道路幅は3m~6m位で、出来れば
南道路に向って一方通行が良い。
水の流れる方向
道路勾配は 2%~ 4%
道路
道路幅は 6 m以上

無い方が良い場合もある。

9 土は粘土質は不可、二メートル以内に岩盤がある所は不可となる。

10 草が生えない土地は凶相、木がある場合は、根まですべて撤去する。（木を残す場合は、家の基礎下に根が入らないようにする）

悪い土地の条件

●左記の土地で北玄関で建てた場合

1 土地の奥行きが狭いのは、損財の象意がある。
2 土地の間口がある程度広く、奥行きが狭いのは、見栄っ張りで、表面は良く見えても、実質が伴わない象意がある。
3 水の流れる方位が、複数方位に流れるのは、出費が多く、損財の象意がある。
4 八字水《はちじみず》は、離別、夫婦、兄弟の不和、損財の象意がある。
5 土地の前が後ろより高いのは、努力が報われない、お金に窮する、援助を得られない象意がある。
6 三方道路に挟まれているのは、仕事に恵まれない、家族がまとまらない、安定を得られないなどの象意がある。
7 道路より土地が低いのは、身分不安定、破財、腎臓、心臓の病気、関節炎や骨の病気の象意がある。
8 土地の水はけが悪い場合は、水や血液に関する病気の象意がある。
9 道路に挟まれた土地は、気が落ち着かず、住んでいる人に、不安感や、疎外感を与える。

●一見南向に建てると良いように見えるが次のような象意がある。

※このような土地は、盛り土をして、道路より敷地を高くして、北側が南側より大きい道路であっても、北を背にして、南向きに建て、尚且つ、北側に塀を廻して、使用すると良い。

※南向きに建てても、財運は恵まれない。

※また、孤独の象意がつきまとうことになります。

※どのように建てても、三代以上は持たない土地です。

【悪い土地】

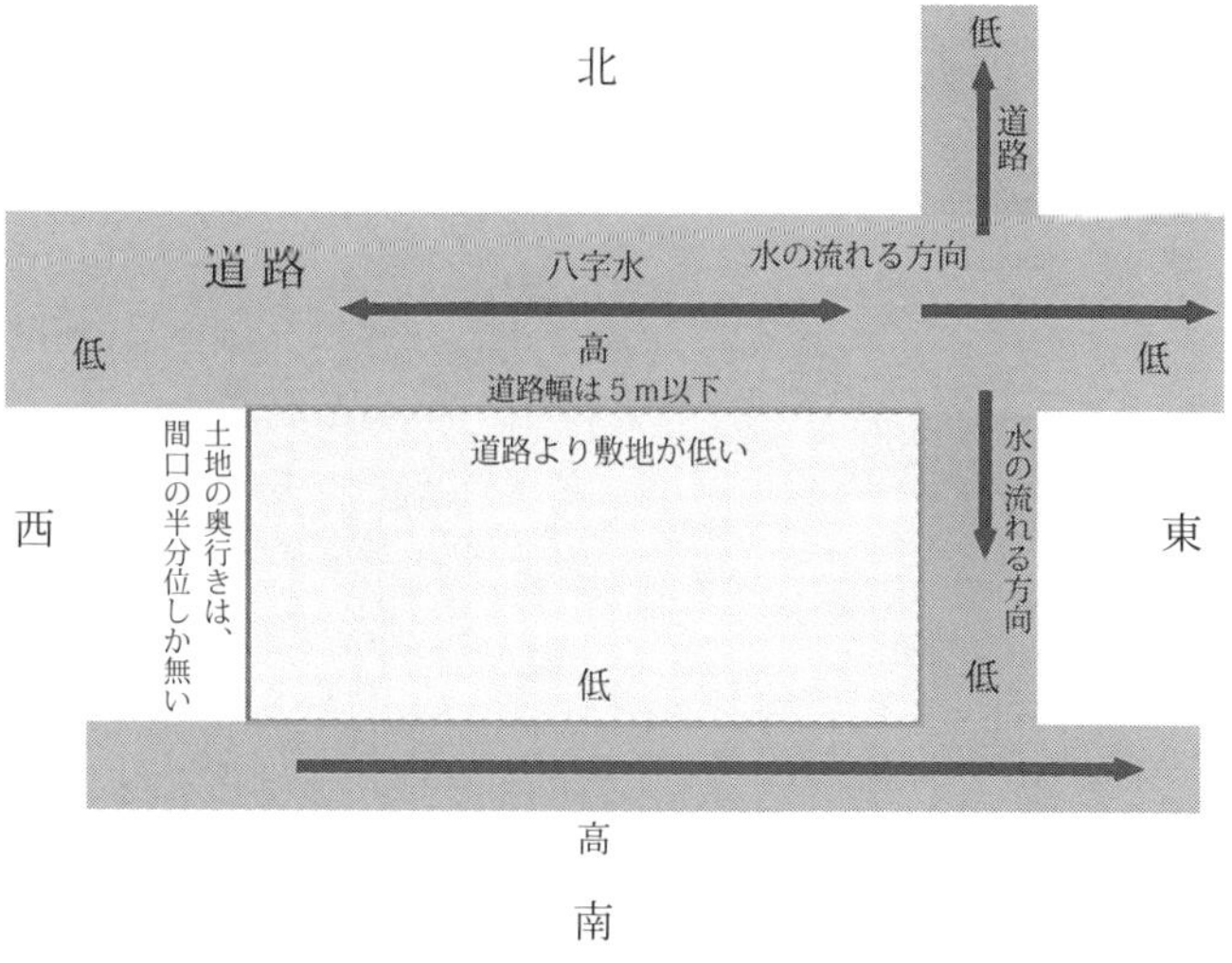
北
低
道路
道 路
八字水
水の流れる方向
低
高
低
道路幅は５ｍ以下
道路より敷地が低い
土地の奥行きは、間口の半分位しか無い
西
水の流れる方向
東
低
低
高
南

袋小路の土地

左記のAやBの形の土地は、小規模造成などによく見かける土地形状ですが、このような土地は、気が入り難く、気の循環が滞りやすくなるため、発展を阻害する土地となります。
またA・B共に精神的不安定さが出るため、何かに固執したり、被害妄想が強くなったりします。

このような場所は、風水的に理気のみで水を合わせても効果がない土地ですので、土地全体の水の流れを調整する人工地理という方法で効果を顕わす場合が多く見られます。

【袋小路の土地】

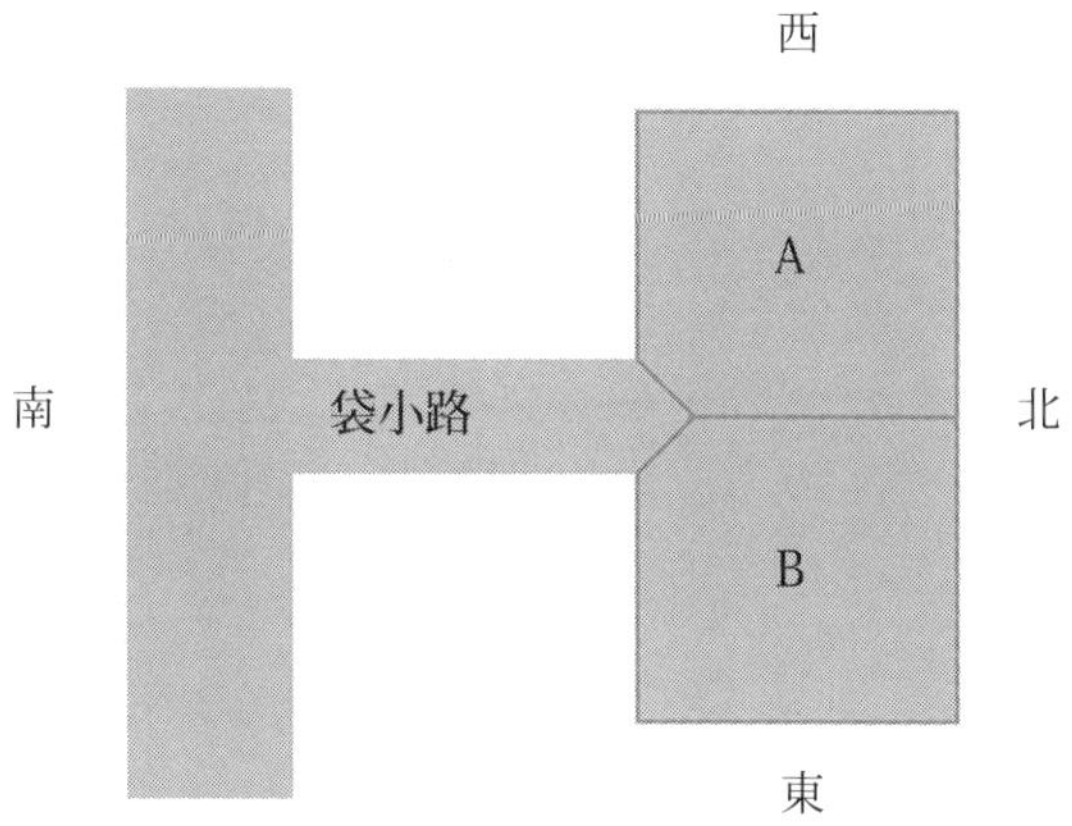

家の前に岩や崩れた山がある土地

このような土地は、金の悪性が強く、水に関係のある腎臓、膀胱などの病気になりやすく、また女の人には特に不利で、短命であると言われています。

家の前に岩や大きな石などがあると、病気や事故で不具者が出る可能性が高くなります。崩れた山が有れば、女性は遊び好きとなり、家を顧みない人になり易くなります。

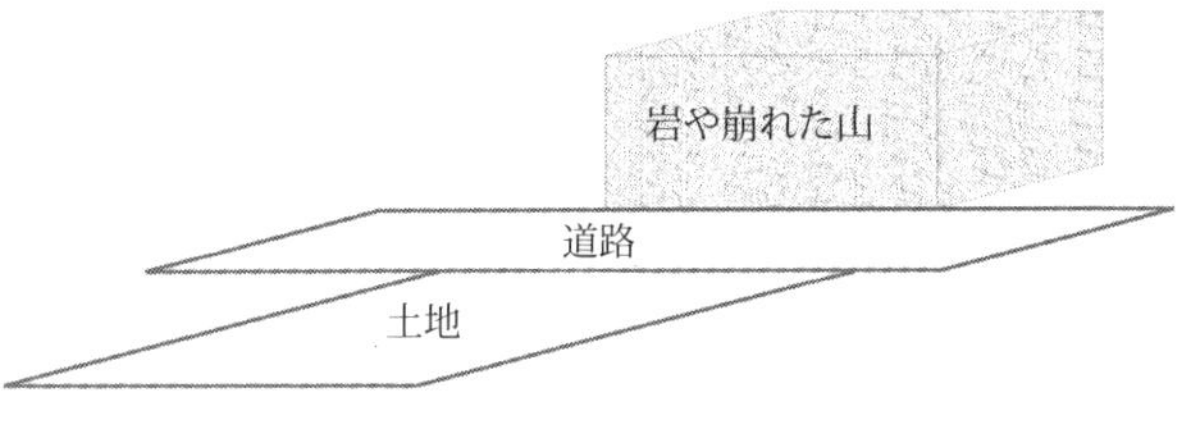

南向の家に北西から入る家

北道路の土地に、南向きの家を建て、北西方位から土地に入り、家の周りを回って南から入る家は、男の人が、病気になったり、男の人の自殺者を出しやすい家となります。

女の人は、短命か、離別で家に居なくなる傾向があります。このような状態は、土地に対して、建て方が悪い一例ですので、土地にあった家を建てることがとても重要になってきます。

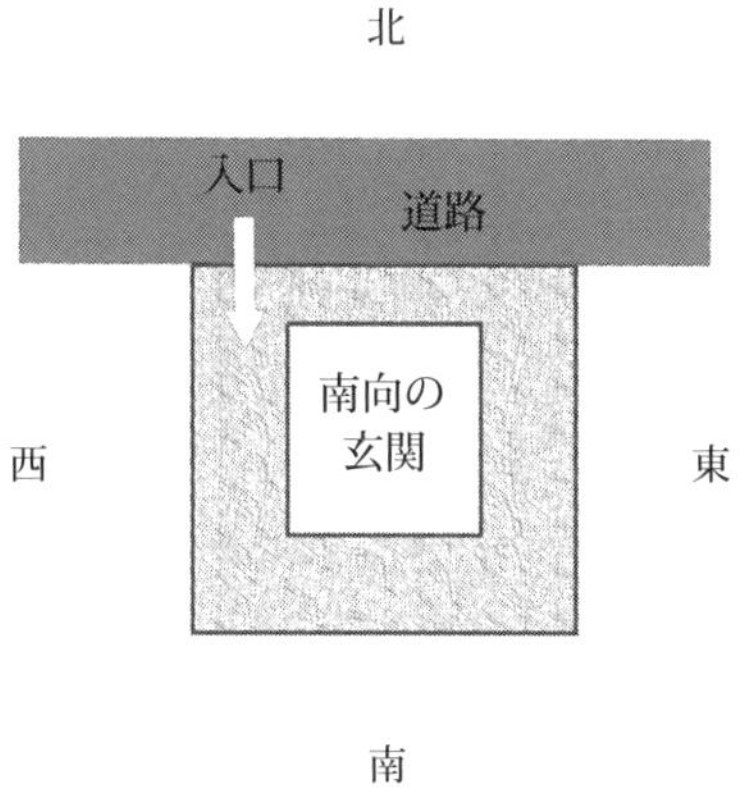

三角の土地

三角の土地は、火の勢いが強く、八方位に分けた時に、方位の面積比が極端に違うため、突発的な事故や病気、離婚や争いの象意が強くなります。さらに、精神的不安定、物事に熱しやすく冷めやすい象意もあり、破財や男女の揉め事が多くなります。

このような土地は、選ばないことが一番なのですが、選ばざるを得ない場合やもうすでに購入している場合は、建物を建てる時に斜めの壁を造らないことが重要になります。

左記の図のように、A部分は駐車場にして、余りを植栽などを植えて庭にします。Cの部分は囲いの無い庭にします。この様にしてB部分をなるべく四角に取り、建物に斜めの壁を造らないようにします。三角の土地の分け方は、道路の水の流れや廻りに状況によって違ってきます。また、空き部分に施す外構工事が重要になってきます。

【三角の土地】

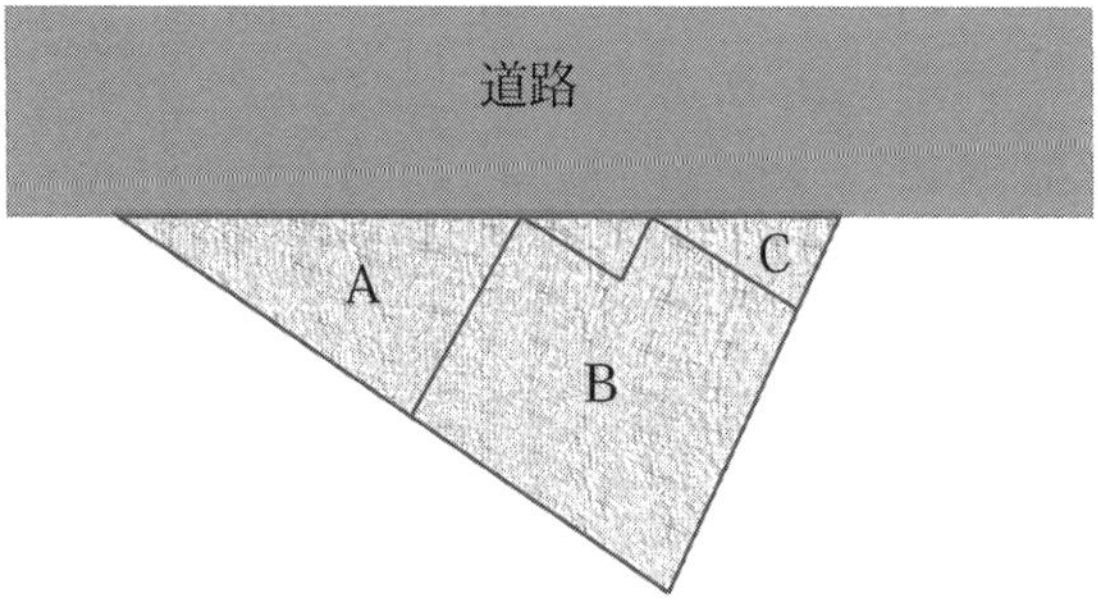

路沖《ろちゅう》の土地

路沖の土地は、まず新しく購入する場合は、いくら安くとも、購入しないことです。

路沖の象意は、突発的な事故や病気などが代表的象意として言われていますが、一番怖いのは、子供が事故によって亡くなってしまうような場合です。路沖の場合は子供に象意が出易くなり、メイン道路より、低い方に土地が在り、路沖となっている場合が、一番象意が強くなります。

もうすでに、路沖の家に住んでいる場合は、堅固なコンクリートなどで路沖している道路の幅の一・二倍以上の擁壁を造ることです。高さは二メートル位は必要です。さらにその擁壁から、三メートルほど建物との間を取らなければなりません。さらに擁壁の内側には、柔らかい葉の樹木を擁壁に沿って植えるか、内側はコンクリートが隠れるように竹垣で隠すようにします。そして、大切なのは、擁壁が在っても、路沖している道路からずらして玄関を設けることです。

ここまでしても、路沖の象意は消えませんが、悪象意が軽くなります。ただし、擁壁を設けることは、人の歩く所を意図的に変えるということでもあります。

門から玄関までの人の歩く通り道は、運を運ぶか、不運を運ぶか位の違いがありますので、門路（玄関までの人の通り道）を風水的に合わせる必要があります。

【路沖の土地】

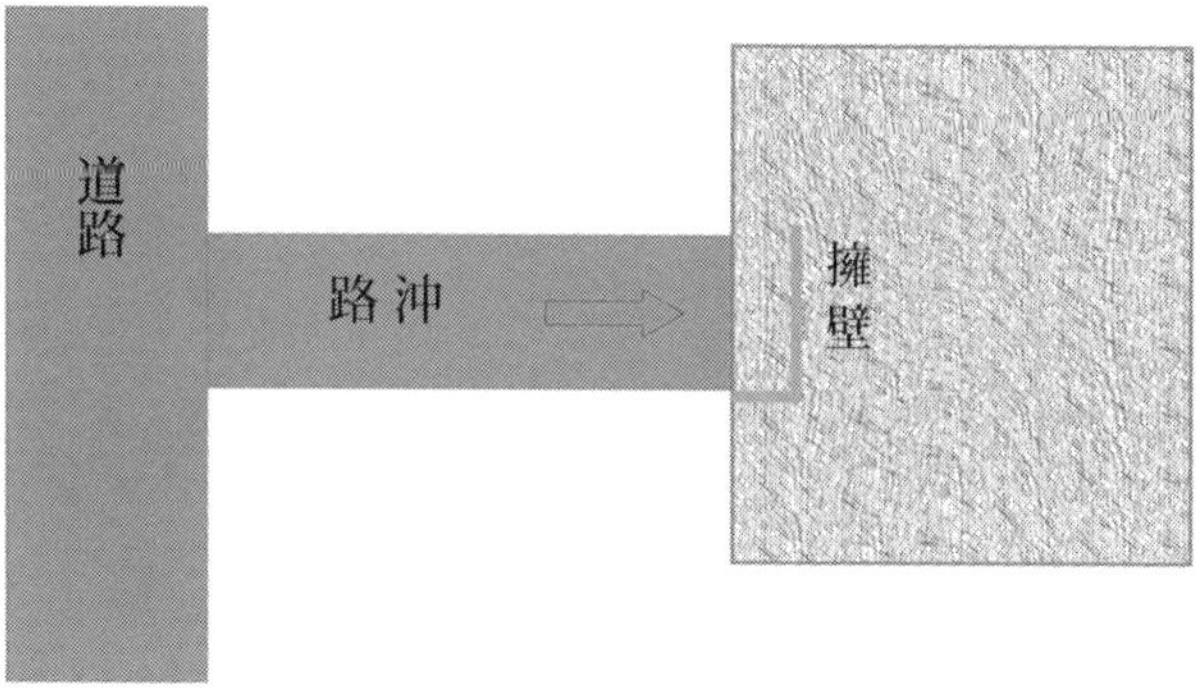

三区画の真ん中

左記のように三区画の宅地が在った場合、中央Bに住んでいる人には、離婚や病気、口争い等がなぜか多くなりがちです。このことは、古書にも載っていて、昔の人は「三軒続きの真ん中には住んではいけない」とよく聞いたものです。

実際に、A・B・Cの家を比べると、まず、真ん中の家で不幸があり、次にAの家で不幸があり、最後にCの家で不幸がある場合が多く見受けられます。

その中でもBの家は、人がだんだん減って行き、家運が途絶える場合が多いのも不思議な現象です。原因は、はっきりとは分かっていませんが、三軒続きの宅地は購入しない方が無難だと言えます。

※最後に、もうすでに住んでおられる場合には、風水を以て、悪象を押さえ、吉象を引き出すようにするのですが、土地が最初から良いのが一番です。仮に六十坪の土地を購入する場合に、坪単価が三万円違えば百八十万円の差となります。

購入時は、安い方が、その分建物にも資金を廻すことができるので良いと考えるのは当たり前ですが、風水的に良い土地を購入すれば、その差額分を上回るほどの恩恵を受けることでしょうから、十分専門家と相談して購入するのが、結果として益を受けることになると思います。

また、土地は良くても、土地と住む人に合った家を建てないと、せっかくの良い土地の恩恵も受けることはできませんので、土地と建物を別々に考えないで、相乗効果が出るような設計も必要になってきます。

【三区画の真ん中】

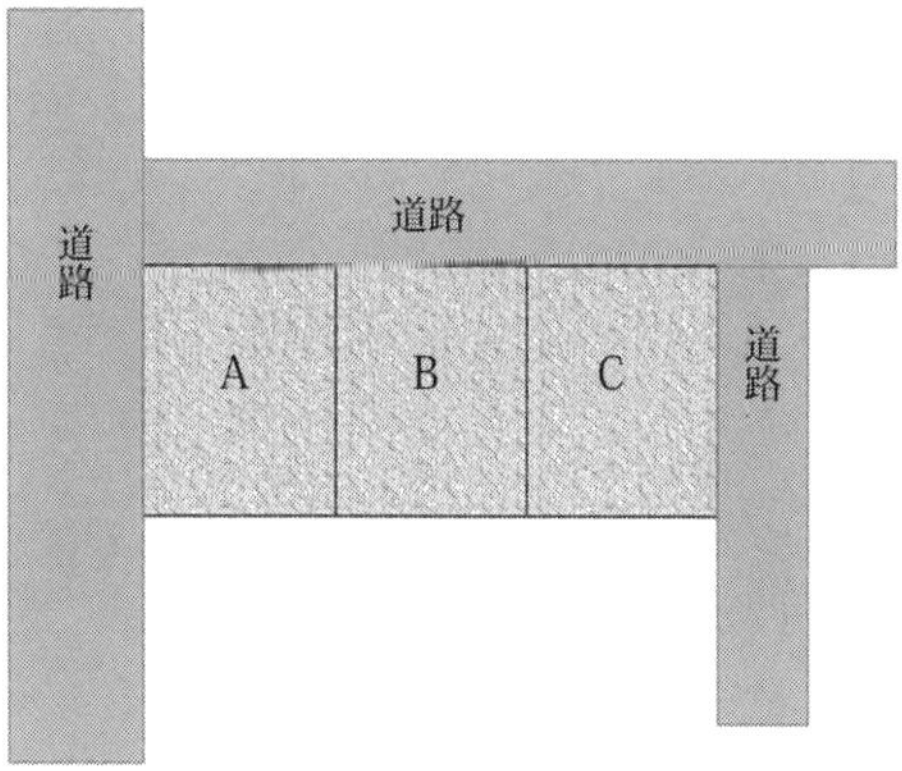

マンションの選び方

●窓から下を見下ろした時に階下に神社が見える場所は不可。
●同じく墓が見えるのも不可。
●窓から、立って外を見た時に、自分の背の高さより低く、足下より高く、電線が十メートル以内に見えるのは不可。
●浴室内にトイレがある間取りは避けた方が良い。
●エントランスが広く取ってあるマンションを選んだ方が良い。
●メインの入口前の道路の勾配を見て、どちらが高いか判断できるような物件を選ぶと良い。
●マンション中央が抜けているようなマンションは一人暮らしには問題無いが、家族で暮らす場合は避けた方が良い。
●なるべく、階数全体の三分の一以上の階を選んだ方が良い。（十階建なら四階以上を選ぶ）
●窓から平行に高速が見える階は凶。
●廻りのビルの屋上が、窓から平行に見える階は凶。
●マンション窓から、送電線の鉄塔が目立つように見える所は借りてはいけない。
●エレベーターの隣のユニットは凶。（エレベーターに接している場所すべて凶）

●エレベーター入口と対冲しているユニットは凶。
●階下が廊下や駐車場など、空洞になっている場所は凶。
●ワンルームでは難しいかもしれないが、コンロ(ガス・電気問わず)のスイッチが、ユニットの玄関方を向いている物件を選ぶと良い。
●玄空飛星で場所を選ぶなら、マンション全体で、メイン入口で座山を量り、向星(水星)「9」が、マンション全体のメインの玄関に入り、座星(山星)「9」が在る方の部屋を選ぶと良い。
●玄空飛星で、マンション全体でメインの入口で座山を量り、九運の雙星到向か、九運の當向當座のマンションを選ぶ。
●マンションの両側(前後でも左右でも)の土地が高いような場所に建っているマンションは選んではいけない。
●同じようにマンション両側(前後でも左右でも)の土地が低いような場所に建っているマンションは選んではいけない。
●マンション一階の床面が道路より低いマンションを選んではいけない。
●エレベーターで座山を量り、「生旺法」(『玄妙風水大全』(太玄社刊)参照)で「生気方位」を選ぶと良い。
●マンション一階が店舗の場合、三階以上を選ぶのが良い。

第二章
飛星図《ひせいず》の概略の看方

玄空飛星は、二十四山の「座」と「向」を挨星運と合わせて配置して家の空間の気の分布や家の周りの地形環境と合致するかどうかで判断をする看法です。

＊詳しくは、『玄妙風水大全』（太玄社刊）をご参照ください。

座山と運の調べ方

1 座山を量る。（基本的に玄関ドアで量り座向を決める）

2 建物が建った年から、何運に建ったかを調べる。（一三二頁の三元九運表参照）

3 玄空飛星表（一六六～一七三頁参照）から、その建物の座山を探し、2で調べた運の飛星図を見て判断する。（飛星表の見方は、一六五頁の飛星図説明をご参照ください。）

飛星図の概略判断法（八運に建った建物で説明）

1 到山到向《とうざんとうこう》

八運に建った建物であれば、座星の8が家の後ろ(座山側)に入り、水星の8が家の前に入ったものを言います。基本的には健康運、身分安定と財運に恵まれる建物です。地形は座山方位が高くて、向の方が低くなければ、有効な運は期待できません。

2 雙星到座《そうせいとうざ》

座山方位に座星8と向星8が並んで入る形になります。建物の後ろに三十坪から六十坪程度の空間が在り、その向こう側が高ければ身分、健康運に恵まれ、少しの財運にも恵まれます。しかし、地形が違っていれば財運には恵まれませんし、後ろが低ければ、身分や健康運にも恵まれません。

3 雙星到向《そうせいとうこう》

向方位に座星8と向星8が並んで入ることを言います。前に水があれば、財運に恵まれ、水の向こうに山が在れば、身分や健康にも恵まれますが、八運が終われば急激に運が損なわれますので、八運の最後の二年間ぐらいの間に玄関の向きを変える必要があります。

また、前が広場の場合大きすぎると財運にも恵まれません。八方位の向の方位に水や広場がある場合のみ有効です。

4 上山下水《じょうざんげすい》

座山方位に向星8が入り、向き方位に座星8が並んで入った状態を言います。後が高く前が低ければ健康運、身分運、財運すべてに恵まれませんが、前が高くて後ろが低ければ、當運内はある程度の運に恵まれます。

5 入囚《にゅうしゅう》

八運において8が中宮に入った形で、力を発揮できない状態を言います。座星入囚は身分、健康運に恵まれません。向星入囚は財運に恵まれません。

6 伏吟《ふくぎん》

向や座星が定位盤と同じ宮に定位盤と同じ数字が入った場合を言います。

やる気は有るが、物事が失敗するような状態を意味します。その宮の意味や宮に入る数字によって象意が違ってきます。

7 反吟《はんぎん》

定位盤と対冲する数字が入った場合を言います。意見の食い違い、対立、反発などを意味しますが、その宮と入った数字の組合わせで象意を判断します。

その他、星の特性とすれば、２５が同じ宮に入れば「病気」、６７が同じ宮に入れば「争い」などの象意が起きやすくなります。座星は「静」を好み、「向星」は「動」を好みます。

※他に三般卦《さんぱんか》、七星打劫《しちせいだごう》、城門訣《じょうもんけつ》、合十《ごりじゅう》などもあり、星の読み方も坐山の取り方も色々ありますので、詳しい解説は専門書に譲ります。

九運二十四山中宮立極表〔左山・右向〕

九運	八運	七運	六運	五運	四運	三運	二運	一運	運／山
五4	4三	三2	2一	一九	九8	8七	七6	6五	壬
5四	四3	3二	二1	19	9八	八7	7六	六5	癸・子
三6	25	一4	九三	82	七一	6九	58	4七	丑
3六	二五	1四	93	八二	71	六9	五八	四7	寅・艮
七2	6一	五九	48	三七	26	一五	九4	8三	甲
7二	六1	59	四八	37	二六	15	9四	八3	乙・卯
8一	七九	68	5七	46	三5	24	一三	九2	辰
八1	79	六八	五7	四六	3五	二四	13	9二	巳・巽
4五	三4	2三	一2	九一	89	七8	6七	五6	丙
四5	3四	二3	1二	91	八9	7八	六7	5六	丁・午
6三	52	4一	三九	28	一七	九6	85	七4	未
六3	五二	四1	39	二八	17	9六	八五	7四	申・坤
2七	一6	九五	84	七三	62	五一	4九	三8	庚
二7	1六	95	八四	73	六二	51	四9	3八	辛・酉
一8	九七	86	七5	64	5三	42	三一	2九	戌
1八	97	八六	7五	六四	五3	四二	31	二9	亥・乾

算用(アラビア)数字:逆飛、漢数字:順飛

定位盤

南東	南	南西
四緑	九紫	二黒
三碧	五黄	七赤
八白	一白	六白
北東	北	北西

東：三碧　西：七赤

飛星図説明

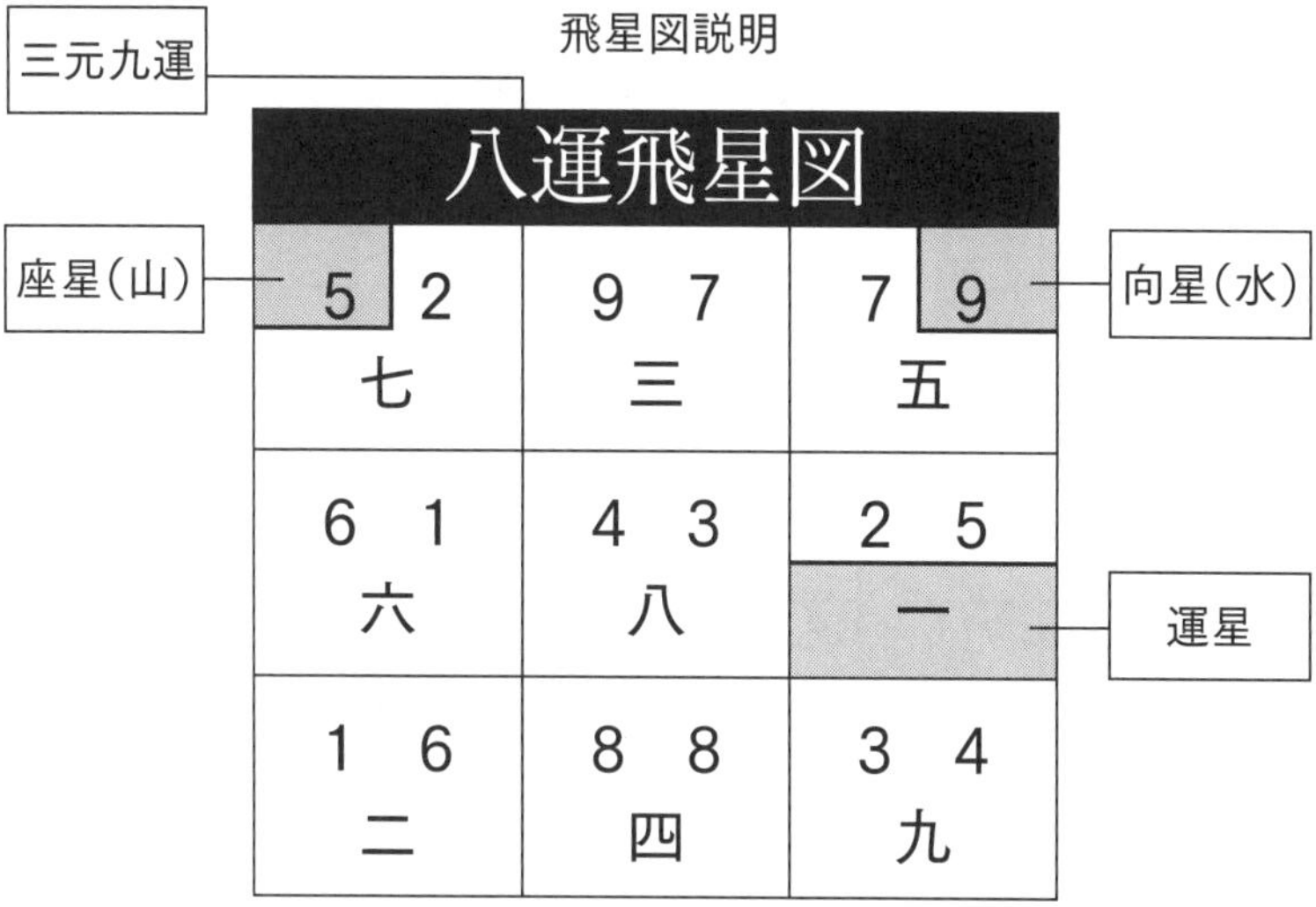

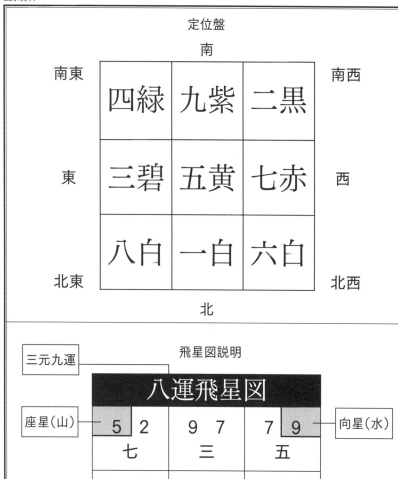

壬山丙向飛星図

七運飛星図

2 3 六	7 7 二	9 5 四
1 4 五	3 2 七	5 9 九
6 8 一	8 6 三	4 1 八

四運飛星図

8 9 三	4 4 八	6 2 一
7 1 二	9 8 四	2 6 六
3 5 七	5 3 九	1 7 五

一運飛星図

7 4 九	2 9 五	9 2 七
8 3 八	6 5 一	4 7 三
3 8 四	1 1 六	5 6 二

八運飛星図

5 2 七	9 7 三	7 9 五
6 1 六	4 3 八	2 5 一
1 6 二	8 8 四	3 4 九

五運飛星図

9 8 四	5 4 九	7 6 二
8 7 三	1 9 五	3 2 七
4 3 八	6 5 一	2 1 六

二運飛星図

6 7 一	2 2 六	4 9 八
5 8 九	7 6 二	9 4 四
1 3 五	3 1 七	8 5 三

九運飛星図

4 5 八	9 9 四	2 7 六
3 6 七	5 4 九	7 2 二
8 1 三	1 8 五	6 3 一

六運飛星図

3 9 五	7 5 一	5 7 三
4 8 四	2 1 六	9 3 八
8 4 九	6 6 二	1 2 七

三運飛星図

9 6 二	4 2 七	2 4 九
1 5 一	8 7 三	6 9 五
5 1 六	3 3 八	7 8 四

子山午向（癸山丁向）飛星図

七運飛星図

4 1 六	8 6 二	6 8 四
5 9 五	3 2 七	1 4 九
9 5 一	7 7 三	2 3 八

四運飛星図

1 7 三	5 3 八	3 5 一
2 6 二	9 8 四	7 1 六
6 2 七	4 4 九	8 9 五

一運飛星図

5 6 九	1 1 五	3 8 七
4 7 八	6 5 一	8 3 三
9 2 四	2 9 六	7 4 二

八運飛星図

3 4 七	8 8 三	1 6 五
2 5 六	4 3 八	6 1 一
7 9 二	9 7 四	5 2 九

五運飛星図

2 1 四	6 5 九	4 3 二
3 2 三	1 9 五	8 7 七
7 6 八	5 4 一	9 8 六

二運飛星図

8 5 一	3 1 六	1 3 八
9 4 九	7 6 二	5 8 四
4 9 五	2 2 七	6 7 三

九運飛星図

6 3 八	1 8 四	8 1 六
7 2 七	5 4 九	3 6 二
2 7 三	9 9 五	4 5 一

六運飛星図

1 2 五	6 6 一	8 4 三
9 3 四	2 1 六	4 8 八
5 7 九	7 5 二	3 9 七

三運飛星図

7 8 二	3 3 七	5 1 九
6 9 一	8 7 三	1 5 五
2 4 六	4 2 八	9 6 四

丑山未向飛星図

七運飛星図

9 5 六	5 9 二	7 7 四
8 6 五	1 4 七	3 2 九
4 1 一	6 8 三	2 3 八

四運飛星図

6 9 三	2 5 八	4 7 一
5 8 二	7 1 四	9 3 六
1 4 七	3 6 九	8 2 五

一運飛星図

5 6 九	9 2 五	7 4 七
8 5 八	4 7 一	2 9 三
1 1 四	8 3 六	3 8 二

八運飛星図

3 6 七	7 1 三	5 8 五
4 7 六	2 5 八	9 3 一
8 2 二	6 9 四	1 4 九

五運飛星図

9 3 四	4 7 九	2 5 二
1 4 三	8 2 五	6 9 七
5 8 八	3 6 一	7 1 六

二運飛星図

6 9 一	1 4 六	8 2 八
7 1 九	5 8 二	3 6 四
2 5 五	9 3 七	4 7 三

九運飛星図

2 7 八	7 2 四	9 9 六
1 8 七	3 6 九	5 4 二
6 3 三	8 1 五	4 5 一

六運飛星図

8 2 五	4 7 一	6 9 三
7 1 四	9 3 六	2 5 八
3 6 九	5 8 二	1 4 七

三運飛星図

7 8 二	2 4 七	9 6 九
8 7 一	6 9 三	4 2 五
3 3 六	1 5 八	5 1 四

艮山坤向(寅山申向)飛星図

七運飛星図

2 3 六	6 8 二	4 1 四
3 2 五	1 4 七	8 6 九
7 7 一	5 9 三	9 5 八

四運飛星図

8 2 三	3 6 八	1 4 一
9 3 二	7 1 四	5 8 六
4 7 七	2 5 九	6 9 五

一運飛星図

3 8 九	8 3 五	1 1 七
2 9 八	4 7 一	6 5 三
7 4 四	9 2 六	5 6 二

八運飛星図

1 4 七	6 9 三	8 2 五
9 3 六	2 5 八	4 7 一
5 8 二	7 1 四	3 6 九

五運飛星図

7 1 四	3 6 九	5 8 二
6 9 三	8 2 五	1 4 七
2 5 八	4 7 一	9 3 六

二運飛星図

4 7 一	9 3 六	2 5 八
3 6 九	5 8 二	7 1 四
8 2 五	1 4 七	6 9 三

九運飛星図

4 5 八	8 1 四	6 3 六
5 4 七	3 6 九	1 8 二
9 9 三	7 2 五	2 7 一

六運飛星図

1 4 五	5 8 一	3 6 三
2 5 四	9 3 六	7 1 八
6 9 九	4 7 二	8 2 七

三運飛星図

5 1 二	1 5 七	3 3 九
4 2 一	6 9 三	8 7 五
9 6 六	2 4 八	7 8 四

甲山庚向飛星図

七運飛星図

4 8 六	9 4 二	2 6 四
3 7 五	5 9 七	7 2 九
8 3 一	1 5 三	6 1 八

四運飛星図

3 7 三	7 2 八	5 9 一
4 8 二	2 6 四	9 4 六
8 3 七	6 1 九	1 5 五

一運飛星図

9 2 九	4 7 五	2 9 七
1 1 八	8 3 一	6 5 三
5 6 四	3 8 六	7 4 二

八運飛星図

7 9 七	2 5 三	9 7 五
8 8 六	6 1 八	4 3 一
3 4 二	1 6 四	5 2 九

五運飛星図

2 6 四	7 2 九	9 4 二
1 5 三	3 7 五	5 9 七
6 1 八	8 3 一	4 8 六

二運飛星図

8 5 一	4 9 六	6 7 八
7 6 九	9 4 二	2 2 四
3 1 五	5 8 七	1 3 三

九運飛星図

6 3 八	2 7 四	4 5 六
5 4 七	7 2 九	9 9 二
1 8 三	3 6 五	8 1 一

六運飛星図

5 9 五	9 4 一	7 2 三
6 1 四	4 8 六	2 6 八
1 5 九	8 3 二	3 7 七

三運飛星図

9 4 二	5 9 七	7 2 九
8 3 一	1 5 三	3 7 五
4 8 六	6 1 八	2 6 四

卯山酉向（乙山辛向）飛星図

七運飛星図

6 1 六	1 5 二	8 3 四
7 2 五	5 9 七	3 7 九
2 6 一	9 4 三	4 8 八

四運飛星図

1 5 三	6 1 八	8 3 一
9 4 二	2 6 四	4 8 六
5 9 七	7 2 九	3 7 五

一運飛星図

7 4 九	3 8 五	5 6 七
6 5 八	8 3 一	1 1 三
2 9 四	4 7 六	9 2 二

八運飛星図

5 2 七	1 6 三	3 4 五
4 3 六	6 1 八	8 8 一
9 7 二	2 5 四	7 9 九

五運飛星図

4 8 四	8 3 九	6 1 二
5 9 三	3 7 五	1 5 七
9 4 八	7 2 一	2 6 六

二運飛星図

1 3 一	5 8 六	3 1 八
2 2 九	9 4 二	7 6 四
6 7 五	4 9 七	8 5 三

九運飛星図

8 1 八	3 6 四	1 8 六
9 9 七	7 2 九	5 4 二
4 5 三	2 7 五	6 3 一

六運飛星図

3 7 五	8 3 一	1 5 三
2 6 四	4 8 六	6 1 八
7 2 九	9 4 二	5 9 七

三運飛星図

2 6 二	6 1 七	4 8 九
3 7 一	1 5 三	8 3 五
7 2 六	5 9 八	9 4 四

辰山戌向飛星図

七運飛星図

7 9 六	2 4 二	9 2 四
8 1 五	6 8 七	4 6 九
3 5 一	1 3 三	5 7 八

四運飛星図

2 6 三	7 1 八	9 8 一
1 7 二	3 5 四	5 3 六
6 2 七	8 9 九	4 4 五

一運飛星図

8 3 九	4 7 五	6 5 七
7 4 八	9 2 一	2 9 三
3 8 四	5 6 六	1 1 二

八運飛星図

6 8 七	2 4 三	4 6 五
5 7 六	7 9 八	9 2 一
1 3 二	3 5 四	8 1 九

五運飛星図

5 7 四	9 2 九	7 9 二
6 8 三	4 6 五	2 4 七
1 3 八	8 1 一	3 5 六

二運飛星図

9 2 一	5 7 六	7 9 八
8 1 九	1 3 二	3 5 四
4 6 五	6 8 七	2 4 三

九運飛星図

9 9 八	4 5 四	2 7 六
1 8 七	8 1 九	6 3 二
5 4 三	3 6 五	7 2 一

六運飛星図

6 6 五	1 2 一	8 4 三
7 5 四	5 7 六	3 9 八
2 1 九	9 3 二	4 8 七

三運飛星図

3 5 二	7 9 七	5 7 九
4 6 一	2 4 三	9 2 五
8 1 六	6 8 八	1 3 四

巽山乾向（巳山亥向）飛星図

七運飛星図

5 7 六	1 3 二	3 5 四
4 6 五	6 8 七	8 1 九
9 2 一	2 4 三	7 9 八

四運飛星図

4 4 三	8 9 八	6 2 一
5 3 二	3 5 四	1 7 六
9 8 七	7 1 九	2 6 五

一運飛星図

1 1 九	5 6 五	3 8 七
2 9 八	9 2 一	7 4 三
6 5 四	4 7 六	8 3 二

八運飛星図

8 1 七	3 5 三	1 3 五
9 2 六	7 9 八	5 7 一
4 6 二	2 4 四	6 8 九

五運飛星図

3 5 四	8 1 九	1 3 二
2 4 三	4 6 五	6 8 七
7 9 八	9 2 一	5 7 六

二運飛星図

2 4 一	6 8 六	4 6 八
3 5 九	1 3 二	8 1 四
7 9 五	5 7 七	9 2 三

九運飛星図

7 2 八	3 6 四	5 4 六
6 3 七	8 1 九	1 8 二
2 7 三	4 5 五	9 9 一

六運飛星図

4 8 五	9 3 一	2 1 三
3 9 四	5 7 六	7 5 八
8 4 九	1 2 二	6 6 七

三運飛星図

1 3 二	6 8 七	8 1 九
9 2 一	2 4 三	4 6 五
5 7 六	7 9 八	3 5 四

丙山壬向飛星図

七運飛星図

3 2 六	7 7 二	5 9 四
4 1 五	2 3 七	9 5 九
8 6 一	6 8 三	1 4 八

四運飛星図

9 8 三	4 4 八	2 6 一
1 7 二	8 9 四	6 2 六
5 3 七	3 5 九	7 1 五

一運飛星図

4 7 九	9 2 五	2 9 七
3 8 八	5 6 一	7 4 三
8 3 四	1 1 六	6 5 二

八運飛星図

2 5 七	7 9 三	9 7 五
1 6 六	3 4 八	5 2 一
6 1 二	8 8 四	4 3 九

五運飛星図

8 9 四	4 5 九	6 7 二
7 8 三	9 1 五	2 3 七
3 4 八	5 6 一	1 2 六

二運飛星図

7 6 一	2 2 六	9 4 八
8 5 九	6 7 二	4 9 四
3 1 五	1 3 七	5 8 三

九運飛星図

5 4 八	9 9 四	7 2 六
6 3 七	4 5 九	2 7 二
1 8 三	8 1 五	3 6 一

六運飛星図

9 3 五	5 7 一	7 5 三
8 4 四	1 2 六	3 9 八
4 8 九	6 6 二	2 1 七

三運飛星図

6 9 二	2 4 七	4 2 九
5 1 一	7 8 三	9 6 五
1 5 六	3 3 八	8 7 四

午山子向（丁山癸向）飛星図

七運飛星図

1 4 六	6 8 二	8 6 四
9 5 五	2 3 七	4 1 九
5 9 一	7 7 三	3 2 八

四運飛星図

7 1 三	3 5 八	5 3 一
6 2 二	8 9 四	1 7 六
2 6 七	4 4 九	9 8 五

一運飛星図

6 5 九	1 1 五	8 3 七
7 4 八	5 6 一	3 8 三
2 9 四	9 2 六	4 7 二

八運飛星図

4 3 七	8 8 三	6 1 五
5 2 六	3 4 八	1 6 一
9 7 二	7 9 四	2 5 九

五運飛星図

1 2 四	5 6 九	3 4 二
2 3 三	9 1 五	7 8 七
6 7 八	4 5 一	8 9 六

二運飛星図

5 8 一	1 3 六	3 1 八
4 9 九	6 7 二	8 5 四
9 4 五	2 2 七	7 6 三

九運飛星図

3 6 八	8 1 四	1 8 六
2 7 七	4 5 九	6 3 二
7 2 三	9 9 五	5 4 一

六運飛星図

2 1 五	6 6 一	4 8 三
3 9 四	1 2 六	8 4 八
7 5 九	5 7 二	9 3 七

三運飛星図

8 7 二	3 3 七	1 5 九
9 6 一	7 8 三	5 1 五
4 2 六	2 4 八	6 9 四

未山丑向飛星図

七運飛星図

5 9 六	9 5 二	7 7 四
6 8 五	4 1 七	2 3 九
1 4 一	8 6 三	3 2 八

四運飛星図

9 6 三	5 2 八	7 4 一
8 5 二	1 7 四	3 9 六
4 1 七	6 3 九	2 8 五

一運飛星図

6 5 九	2 9 五	4 7 七
5 6 八	7 4 一	9 2 三
1 1 四	3 8 六	8 3 二

八運飛星図

6 3 七	1 7 三	8 5 五
7 4 六	5 2 八	3 9 一
2 8 二	9 6 四	4 1 九

五運飛星図

3 9 四	7 4 九	5 2 二
4 1 三	2 8 五	9 6 七
8 5 八	6 3 一	1 7 六

二運飛星図

9 6 一	4 1 六	2 8 八
1 7 九	8 5 二	6 3 四
5 2 五	3 9 七	7 4 三

九運飛星図

7 2 八	2 7 四	9 9 六
8 1 七	6 3 九	4 5 二
3 6 三	1 8 五	5 4 一

六運飛星図

2 8 五	7 4 一	9 6 二
1 7 四	3 9 六	5 2 八
6 3 九	8 5 二	4 1 七

三運飛星図

8 7 二	4 2 七	6 9 九
7 8 一	9 6 三	2 4 五
3 3 六	5 1 八	1 5 四

坤山艮向(申山寅向)飛星図

七運飛星図

3 2 六	8 6 二	1 4 四
2 3 五	4 1 七	6 8 九
7 7 一	9 5 三	5 9 八

四運飛星図

2 8 三	6 3 八	4 1 一
3 9 二	1 7 四	8 5 六
7 4 七	5 2 九	9 6 五

一運飛星図

8 3 九	3 8 五	1 1 七
9 2 八	7 4 一	5 6 三
4 7 四	2 9 六	6 5 二

八運飛星図

4 1 七	9 6 三	2 8 五
3 9 六	5 2 八	7 4 一
8 5 二	1 7 四	6 3 九

五運飛星図

1 7 四	6 3 九	8 5 二
9 6 三	2 8 五	4 1 七
5 2 八	7 4 一	3 9 六

二運飛星図

7 4 一	3 9 六	5 2 八
6 3 九	8 5 二	1 7 四
2 8 五	4 1 七	9 6 三

九運飛星図

5 4 八	1 8 四	3 6 六
4 5 七	6 3 九	8 1 二
9 9 三	2 7 五	7 2 一

六運飛星図

4 1 五	8 5 一	6 3 三
5 2 四	3 9 六	1 7 八
9 6 九	7 4 二	2 8 七

三運飛星図

1 5 二	5 1 七	3 3 九
2 4 一	9 6 三	7 8 五
6 9 六	4 2 八	8 7 四

庚山甲向飛星図

七運飛星図

8 4 六	4 9 二	6 2 四
7 3 五	9 5 七	2 7 九
3 8 一	5 1 三	1 6 八

四運飛星図

7 3 三	2 7 八	9 5 一
8 4 二	6 2 四	4 9 六
3 8 七	1 6 九	5 1 五

一運飛星図

2 9 九	7 4 五	9 2 七
1 1 八	3 8 一	5 6 三
6 5 四	8 3 六	4 7 二

八運飛星図

9 7 七	5 2 三	7 9 五
8 8 六	1 6 八	3 4 一
4 3 二	6 1 四	2 5 九

五運飛星図

6 2 四	2 7 九	4 9 二
5 1 三	7 3 五	9 5 七
1 6 八	3 8 一	8 4 六

二運飛星図

5 8 一	9 4 六	7 6 八
6 7 九	4 9 二	2 2 四
1 3 五	8 5 七	3 1 三

九運飛星図

3 6 八	7 2 四	5 4 六
4 5 七	2 7 九	9 9 二
8 1 三	6 3 五	1 8 一

六運飛星図

9 5 五	4 9 一	2 7 三
1 6 四	8 4 六	6 2 八
5 1 九	3 8 二	7 3 七

三運飛星図

4 9 二	9 5 七	2 7 九
3 8 一	5 1 三	7 3 五
8 4 六	1 6 八	6 2 四

酉山卯向（辛山乙向）飛星図

七運飛星図

1 6 六	5 1 二	3 8 四
2 7 五	9 5 七	7 3 九
6 2 一	4 9 三	8 4 八

四運飛星図

5 1 三	1 6 八	3 8 一
4 9 二	6 2 四	8 4 六
9 5 七	2 7 九	7 3 五

一運飛星図

4 7 九	8 3 五	6 5 七
5 6 八	3 8 一	1 1 三
9 2 四	7 4 六	2 9 二

八運飛星図

2 5 七	6 1 三	4 3 五
3 4 六	1 6 八	8 8 一
7 9 二	5 2 四	9 7 九

五運飛星図

8 4 四	3 8 九	1 6 二
9 5 三	7 3 五	5 1 七
4 9 八	2 7 一	6 2 六

二運飛星図

3 1 一	8 5 六	1 3 八
2 2 九	4 9 二	6 7 四
7 6 五	9 4 七	5 8 三

九運飛星図

1 8 八	6 3 四	8 1 六
9 9 七	2 7 九	4 5 二
5 4 三	7 2 五	3 6 一

六運飛星図

7 3 五	3 8 一	5 1 三
6 2 四	8 4 六	1 6 八
2 7 九	4 9 二	9 5 七

三運飛星図

6 2 二	1 6 七	8 4 九
7 3 一	5 1 三	3 8 五
2 7 六	9 5 八	4 9 四

戌山辰向飛星図

七運飛星図

9 7 六	4 2 二	2 9 四
1 8 五	8 6 七	6 4 九
5 3 一	3 1 三	7 5 八

四運飛星図

6 2 三	1 7 八	8 9 一
7 1 二	5 3 四	3 5 六
2 6 七	9 8 九	4 4 五

一運飛星図

3 8 九	7 4 五	5 6 七
4 7 八	2 9 一	9 2 三
8 3 四	6 5 六	1 1 二

八運飛星図

8 6 七	4 2 三	6 4 五
7 5 六	9 7 八	2 9 一
3 1 二	5 3 四	1 8 九

五運飛星図

7 5 四	2 9 九	9 7 二
8 6 三	6 4 五	4 2 七
3 1 八	1 8 一	5 3 六

二運飛星図

2 9 一	7 5 六	9 7 八
1 8 九	3 1 二	5 3 四
6 4 五	8 6 七	4 2 三

九運飛星図

9 9 八	5 4 四	7 2 六
8 1 七	1 8 九	3 6 二
4 5 三	6 3 五	2 7 一

六運飛星図

6 6 五	2 1 一	4 8 三
5 7 四	7 5 六	9 3 八
1 2 九	3 9 二	8 4 七

三運飛星図

5 3 二	9 7 七	7 5 九
6 4 一	4 2 三	2 9 五
1 8 六	8 6 八	3 1 四

乾山巽向（亥山巳向）飛星図

七運飛星図

7 5 六	3 1 二	5 3 四
6 4 五	8 6 七	1 8 九
2 9 一	4 2 三	9 7 八

四運飛星図

4 4 三	9 8 八	2 6 一
3 5 二	5 3 四	7 1 六
8 9 七	1 7 九	6 2 五

一運飛星図

1 1 九	6 5 五	8 3 七
9 2 八	2 9 一	4 7 三
5 6 四	7 4 六	3 8 二

八運飛星図

1 8 七	5 3 三	3 1 五
2 9 六	9 7 八	7 5 一
6 4 二	4 2 四	8 6 九

五運飛星図

5 3 四	1 8 九	3 1 二
4 2 三	6 4 五	8 6 七
9 7 八	2 9 一	7 5 六

二運飛星図

4 2 一	8 6 六	6 4 八
5 3 九	3 1 二	1 8 四
9 7 五	7 5 七	2 9 三

九運飛星図

2 7 八	6 3 四	4 5 六
3 6 七	1 8 九	8 1 二
7 2 三	5 4 五	9 9 一

六運飛星図

8 4 五	3 9 一	1 2 三
9 3 四	7 5 六	5 7 八
4 8 九	2 1 二	6 6 七

三運飛星図

3 1 二	8 6 七	1 8 九
2 9 一	4 2 三	6 4 五
7 5 六	9 7 八	5 3 四

第三章　龍門八局

龍門八局来去水象意

「龍門八局《りゅうもんはっきょく》」とは、別名「乾坤國寶《けんこんこくほう》」「三天水法」「三朋法」等と言われ、三元地理の水法では、中心的な位置を占める水法となります。この水法は劉伯溫仙師の三元地理賦に「天機妙絶」と書かれるほど、風水効果が高い看法です。

1、先天位《せんてんい》

先天位は、来水に良く、去水に悪い方位である。

・先天水が来水（朝来）すれば地位や身分の向上となる。

・先天水が去水（走破）すれば地位や身分を損なう。
・先天位二十四山の天干から来去すれば、男にその吉凶が出る。
・先天位二十四山の地支から来去すれば、女にその吉凶が出る。
・地支から去水すれば、財が少ない事となる。
・天元から来去すれば、1・4・7子に吉凶が出る。
・地元から来去すれば、2・5・8子に吉凶が出る。
・人元から来去すれば、3・6・9子に吉凶が出る。

2、後天位《こうてんい》

後天位は、来水に良く、去水に悪い方位である。

・後天水が来水（朝来）すれば財や金銭に恵まれる事となる。
・後天水が去水（走破）すれば財や金銭を損なう。
・後天位の二十四山の天干から来去すれば、男にその吉凶が出る。
・後天位の二十四山の地支から来去すれば、女にその吉凶が出る。

3、賓位《ひんい》

賓位は、去水に良く、来水に悪い方位である。

・賓位は、去水に宜しく、来水には宜しくない。
・賓位が来水（朝来）すれば、親戚は子孫に恵まれ良くなるが、本家は跡継ぎにも恵まれず家運が下がって行く事となってしまう。また、生まれる子供は女子となる。
・賓位が去水（走破）すれば子孫に恵まれ繁栄する。
・婿取りや養子の場合は、賓位からの来水も福に恵まれる。ただし生まれる子供は女子が多い。
・先後天水が合流して家の前を通り、賓位に流れ出れば、男女とも身分や地位、金銭に恵まれ富貴となる。

※賓位は「向」より算出する。

4、客位《きゃくい》

客位は、去水に良く、来水に悪い方位である。

・客位は、去水に宜しく、来水には宜しくない。
・客位が来水（朝来）すれば、女子には宜しいが男子には宜しくない。外に出た親戚は子孫に恵まれ良くなるが、本家は跡継ぎにも恵まれず家運が下がって行く事となってしまう。また、生まれる子供は女子となる。
・客位が去水（走破）すれば子孫に恵まれ繁栄する。
・婿や養子を取りたければ、客位よりの来水を使用すると良い。
・先後天水が合流して家の前を通り、賓位に流れ出れば、男女とも身分や地位、金銭に恵まれ富貴となる。

※客位は「向」より算出する。

5、天劫位《てんごうい》（天門）　**6、地刑位《ちけいい》（地門）**

天劫位は「座山」を以って主とする。地刑位は天劫位から算出する。
天劫位から来水となる事をもっとも忌む。（天劫位来水凶）
地刑位から去水となる事を忌む。（地刑位去水凶）

・天劫位は、去水に宜しく、来水には宜しくない。

・地刑位は、来水に宜しく、去水には宜しくない。
・天劫位が来水（朝来）すれば、家業は衰退し、身分を失い子孫は地を看るような争いに巻き込まれる。
・地刑位から去水すれば、財運は衰退し、妻は苦労するし、病気にもなってしまう。
・天劫位の来水方向や地刑位の去水方向に五黄が廻ってきたり、歳破が廻ってきた時が最も怖い。また、その方向に侵射などがあると、やはり脅威が増す事となる。

※天劫位と地刑位は、立向の必ず左右に位置する。天劫位が立向の左隣に来れば、地刑位は立向の右隣となる。それとは逆に天劫位が立向の右隣になれば、地刑位は立向の左隣に来ることになる。

7、案劫位《あんごうい》

案劫位は、去水に良く、来水に悪い方位である。
案劫位は立向の方位と同じとなる。つまり、立向＝案劫位となる。

・案劫位方位に屋根の角や大きな石、古井戸、目立つ古い木や家を冲射があるような場合は、主に子供に害が及び、事故やけがを被る事となる。

・案劫方位から、玄の字のように曲がりながら出て行く水は良い象意をもたらすが、直線的に出て行く場合は良くない象意をもたらす。
・先天位二十四山の天干から来去すれば、男にその吉凶が出る。
・先天位二十四山の地支から来去すれば、女にその吉凶が出る。
・地支から去水すれば、財が少ない事となる。
・天元から来去すれば、1・4・7子に吉凶が出る。
・地元から来去すれば、2・5・8子に吉凶が出る。
・人元から来去すれば、3・6・9子に吉凶が出る。

8、輔卦位《ほかい》

輔卦位とは、座山、立向、先天、後天、賓客位、天劫位、地刑等を抜いて残った宮である。輔卦位からの来水は吉であり、去水は凶となる。

9、庫池《こち》

庫池とは即ち、財を貯める池であり、この方位にきれいな水が在るか、この方位から水が来るのは良い。但し、他の凶の来水と一緒の場合は明堂を横切ってはいけない。

一、乾山巽向〜（戌・乾・亥山）庫池在艮位
二、坎山離向〜（壬・子・癸山）庫池在坤位
三、艮山坤向〜（丑・艮・寅山）庫池在乾位
四、震山兌向〜（甲・卯・乙山）庫池在坎位（壬位）
五、巽山乾向〜（辰・巽・巳山）庫池在坤位
六、離山坎向〜（丙・午・丁山）庫池在兌位（辛位）
七、坤山艮向〜（未・坤・申山）庫池在巽位
八、兌山震向〜（庚・酉・辛山）庫池在坎位

「龍門八局」来去水・曜殺速査表

兌山	坤山	離山	巽山	震山	艮山	坎山	乾山	坐／位
巽	坎	震	坤	艮	乾	兌	離	先天位
坎	巽	乾	兌	離	震	坤	艮	後天位
艮	乾	兌	離	巽	坎	震	坤	賓　位
離	震	坤	艮	坎	巽	乾	兌	客　位
艮	震	艮	坎	乾	離	巽	震	天劫位
巽	坎	乾	兌	坤	兌	坤	離	地刑位
震	艮	坎	乾	兌	坤	離	巽	案劫位
坎	巽	兌	坤	坎	乾	坤	艮	庫　池
乾・坤	離・兌	巽	震	坤	兌	艮	坎	輔卦位
巳	卯	亥	酉	申	寅	辰	午	正　曜
辰	酉	午	巳	亥	申	卯	寅	地　曜
酉	辰	申	卯	寅	午	巳	亥	天　曜

第四章

水龍翻卦吉凶水斷法

水龍翻卦吉凶水斷法とは、八卦九星に分け、向きと来水を組み合わせて良い方位を取り、向きと去水を組み合わせて悪い方位を取る方法です。（向きは地盤で量り、水の方位は天盤で量ります。）

＊詳しくは、『玄妙風水大全』（太玄社刊）の輔弼《ほひつ》九星法をご参照ください。

1　貪狼水《たんろうすい》　来水合局・去水破局
2　巨門水《きょもんすい》　来水合局・去水破局
3　禄存水《ろくぞんすい》　去水合局・来水破局
4　文曲水《ぶんきょくすい》　去水合局・来水破局
5　廉貞水《れんていすい》　去水合局・来水破局

6 武曲水《ぶこくすい》　来水合局・去水破局
7 破軍水《はぐんすい》　去水合局・来水破局
8 左輔水《さほすい》　来水合局・去水破局
9 右弼水《うひつすい》　来水合局・去水破局

1 貪狼生気

合局水

●来水合局吉象意―積極的で、決断力があり頭脳明晰にて、精力的に動き、仕事で成功する。職人的気質で一芸に秀でて、実力者となる。また、人の縁で、お金が入り、不動産や財産を多く手にすることができる。

破局水

●去水破局凶象意―非礼で高慢となり、時には凶暴となる。また、支配的であり暴力的になる。遊び好きとなり、遊興や、女性のためにお金を使い、時に破産する事もある。

●破局の場合、身体的には、手足、筋肉、肝臓、胆嚢、梅毒、リュウマチなどの、病気になりやすい。

※八卦に分ければ「震卦」で、「木」の年月日・方位でその霊力を発し、公位は一・四・七となる。

2 巨門天医

合局水

●来水合局吉象意—堅実で、真面目で貞節あり人や物を育てる能力に長けている。別名を「天財」とも呼び「財」の星でもある。その霊力は「商売」や「事業」で活かされ成功へと導かれる。また、金銭だけでなく、長寿にも恵まれる。

破局水

●去水破局凶象意—優柔不断であり、心が不安定になりやすい。商売、事業での失敗、失業などに遭う。破産や夜逃げなどをしやすい。家庭不和や離婚になりやすく、時には子供が早く逝く事もある。子供を捨ててしまう事もある。

●破局の場合、身体的には、胃腸・皮膚(アトピーなど)・口内・咽頭・口の回りなどの病気や婦人科系の病気、出産なども、気をつけねばならない。

※八卦に分ければ「坤卦」で、「土」の年月日・方位でその霊力を発し、公位は二・五・八となる。

3 祿存禍害

合局水

●去水合局吉象意—誠実で真面目であり、慎重に一歩一歩、確実に財産を築き上げることができる。「祿存」は、玄空卦中で「庫」(倉)の星であるため、節約と誠実によって大いに財産を得る事ができる。

破局水

●来水破局凶象意―頑固で、視野が狭く融通のきかない人となり、何事もいい加減となってしまう。また、酒や色に溺れたり、賭け事などで身を崩す事となる。跡継ぎがいなかったり、いても養子となったりして、家を捨て離れて行ってしまう。また、服毒や首吊りなどをすることもある。

●破局の場合、身体的には、脊髄、腰、関節、浮腫(むくみ)、肝硬変、子宮や卵巣の膿腫、神経性などの病気。

※八卦に分ければ「艮卦」で、「土」の年月日・方位でその霊力を発し、公位は三・六・九となる。

4 文曲六煞

合局水

●去水合局吉象意―気品のある子供が生まれ、志をしっかりもつ。家門は栄華を誇る。男女共妖艶を漂わせる魅力をもつようになる。「文曲星」は、玄空卦中で「桃花(色)」の星であるため、異性との関わりが多くなる。

破局水

●来水破局凶象意―男性は「酒」や「女」「ギャンブル」のために身を崩し、女性は、他の男のために化粧をする。また、女性は家事をせず、家が乱雑となる。男女共に、外でトラブルが多く、仕事・身分が不安定となる。離婚しやすく、水難事故に遭いやすい。また、堕胎もある。

●破局の場合、身体的には腎臓、耳、生殖器、子宮、膀胱、血液、リュウマチ、心臓の病気になりやすい。

※八卦に分ければ「坎卦」で、「水」の年月日・方位でその霊力を発し、公位は一・四・七となる。

5 廉貞五鬼

合局水

●去水合局吉象意―健康・長寿であり、繁栄富貴を手にする事ができる。また、美人、賢人が生まれる。（来水の意味を強める働きがある）

破局水

●来水破局凶象意―陰険で誠実さや礼儀に欠け、傍若無人の行いをする。見栄を張り執念深く、思い込みが激しい。無気力、自殺、堕胎、火災などの象意が強い。また奇形児の出産や出産時の母親の死亡などがある。

●破局の場合、身体的には目、心臓、腸、やけど、心労、ガンなどの病気になりやすい。特に〝ガン〟の象意が強い。

※八卦に分ければ「離卦」で、「火」の年月日・方位でその霊力を発し、公位は一・四・七となる。

6 武曲延年

合局水

●来水合局吉象意―気品に溢れ、身分が高く立身出世の道を歩む事ができる。また、雄弁で敬愛が深く、福寿を得ることができる。国家公務員・議員の席に就く事ができる。

破局水

●去水破局凶象意―息子も、娘も他所に出てしまう。才ある子は夭折し、愚鈍の子は長生きする。色情に溺れやすく、遊び好きとなる。事故、怪我に遭いやすく、手術もしやすい。
●破局の場合、身体的には咽、口、歯、肺、呼吸器系、鼻血、梅毒などの病気になりやすい。
※八卦に分ければ「兌卦」で、「金」の年月日・方位でその霊力を発し、公位は三・六・九となる。

7 破軍絶命

合局水

●去水合局吉象意―大吉祥となる。円満さと剛健さを同時にもち、純正な正義を持って理想を実現して行きます。さらに、〝英雄〟〝指導者〟、時には〝皇帝〟に近い人間を生み出す。

破局水

●来水破局凶象意―性が荒く、諍いや揉め事を好み、独善的となる。借りた金品は返さない。生活が不安定でその日暮らしとなる。略奪や殺傷をする事もある。手足を失う恐れがあり、産後の死、落雷、投水、跡継ぎの死などに遭いやすい。
●破局の場合、身体的には聾唖、三つ口、頭の病、胸、肺、大腸などの病気。関節痛、骨癌、治りにくい病気の象意がある。また、手術をする。
※八卦に分ければ「乾卦」で、「金」と「水」の年月日・方位でその霊力を発し、公位は一・四・七となる。

8 左輔星伏位

合局水

●来水合局吉象意―温和で人のことを思いやる慈愛に満ちた人となる。また、仲睦まじい夫婦、親思いの子供となる。そして繁栄、富貴、長寿も手にする事ができる。友人が助けてくれる。また目上の人の引き立て、援助がある。

破局水

●去水破局凶象意—優柔不断で遊び好きとなる。夫婦仲が悪く、子供は親に逆らう。兄弟・親戚との仲が悪い。やもめとなったり、人生に不和がつきまとう。また、お金の損失がある。

●破局の場合、身体的には頭髪、咽、呼吸器、腸、肺、白眼、神経症などの病気の象意がある。

※八卦に分ければ「巽卦」で、「木」の年月日・方位でその霊力を発し、公位は一・四・七となる。

9 右弼伏位

合局水

●来水合局吉象意—智に明るく、才に富み年上を敬う人となる。夫婦仲睦まじく、助け合う。子供も親同様に孝順となる。異性が助けてくれる。また目上の人の引き立て、援助がある。

破局水

●去水破局凶象意—性急、気持ちがすぐ変わる、夫婦不和、部下などの裏切り、親不孝、寡婦・寡男、損財、破財などの象意がある。

●破局の場合、身体的には直り難い病気、心労(ノイローゼ)、月経不順、不妊症などの象意がある。

※八卦に分ければ「坎卦」で、「水」の年月日・方位でその霊力を発し、公位は一・四・七となる。

六十四卦立極盤

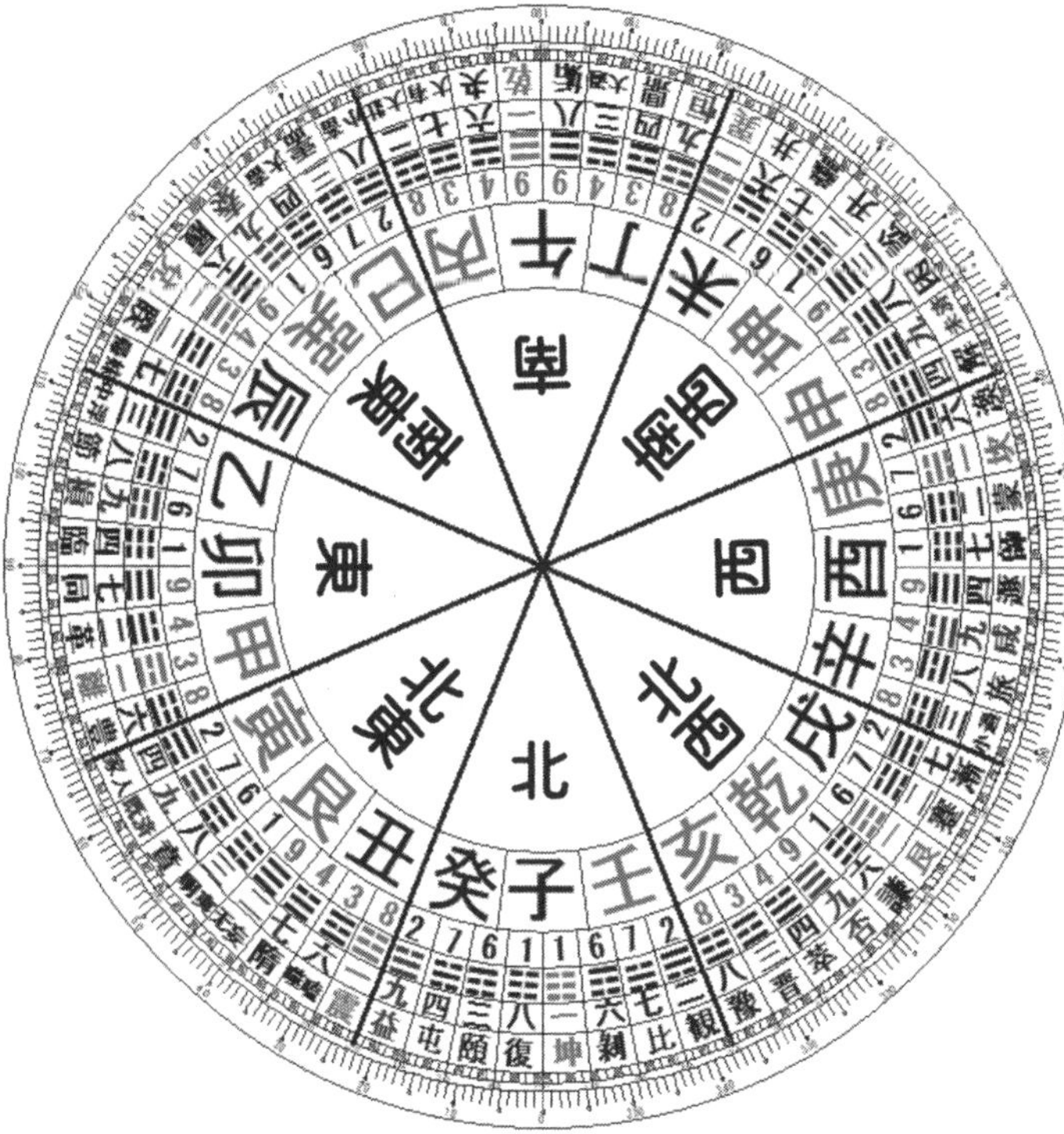

輔星課水法（2）※向きが主

九星＼向き	子癸辰申 坎卦向		壬寅午戌 離卦向		艮・丙 艮卦向		丁酉丑巳 兌卦向	
輔弼 不變	坎卦☵	子・癸 辰・申	離卦☲	壬・寅 午・戌	艮卦☶	艮・丙	兌卦☱	丁・酉 丑・巳
武曲 中爻變	坤卦☷	坤・乙	乾卦☰	乾・甲	巽卦☴	巽・辛	震卦☳	庚・卯 未・亥
破軍 下爻變	震卦☳	庚・卯 未・亥	巽卦☴	巽・辛	乾卦☰	乾・甲	坤卦☷	坤・乙
廉貞 中爻變	兌卦☱	丁・酉 丑・巳	艮卦☶	艮・丙	離卦☲	午・戌 壬・寅	坎卦☵	子・癸 辰・申
貪狼 上爻變	乾卦☰	乾・甲	坤卦☷	坤・乙	震卦☳	庚・卯 未・亥	巽卦☴	巽・辛
巨門 中爻變	離卦☲	壬・寅 午・戌	坎卦☵	子・癸 辰・申	兌卦☱	丁・酉 丑・巳	艮卦☶	艮・丙
禄存 下爻變	艮卦☶	艮・丙	兌卦☱	丁・酉 丑・巳	坎卦☵	子・癸 辰・申	離卦☲	壬・寅 午・戌
文曲 中爻變	巽卦☴	巽・辛	震卦☳	庚・卯 未・亥	坤卦☷	坤・乙	乾卦☰	乾・甲

輔星課水法（1）※向きが主

九星＼向き	乾・甲 乾卦向		坤・乙 坤卦向		庚卯未亥 震卦向		巽・辛 巽卦向	
輔弼 不變	乾卦☰	乾・甲	坤卦☷	坤・乙	震卦☳	庚・卯 未・亥	巽卦☴	巽・辛
武曲 中爻變	離卦☲	壬・寅 午・戌	坎卦☵	子・癸 辰・申	兌卦☱	丁・酉 丑・巳	艮卦☶	艮・丙
破軍 下爻變	艮卦☶	艮・丙	兌卦☱	丁・酉 丑・巳	坎卦☵	子・癸 辰・申	離卦☲	壬・寅 午・戌
廉貞 中爻變	巽卦☴	巽・辛	震卦☳	庚・卯 未・亥	坤卦☷	坤・乙	乾卦☰	乾・甲
貪狼 上爻變	坎卦☵	子・癸 辰・申	離卦☲	壬・寅 午・戌	艮卦☶	艮・丙	兌卦☱	丁・酉 丑・巳
巨門 中爻變	坤卦☷	坤・乙	乾卦☰	乾・甲	巽卦☴	巽・辛	震卦☳	庚・卯 未・亥
禄存 下爻變	震卦☳	庚・卯 未・亥	巽卦☴	巽・辛	乾卦☰	乾・甲	坤卦☷	坤・乙
文曲 中爻變	兌卦☱	丁・酉 丑・巳	艮卦☶	艮・丙	離卦☲	壬・寅 午・戌	坎卦☵	子・癸 辰・申

山龍翻卦法（2）※座が主

座山 九星	子癸辰申 坎卦山		壬寅午戌 離卦山		艮・丙 艮卦山		丁酉丑巳 兌卦山	
輔弼 不變	坎卦☵	子・癸 辰・申	離卦☲	壬・寅 午・戌	艮卦☶	艮・丙	兌卦☱	丁・酉 丑・巳
貪狼 上爻變 （上変）	巽卦☴	巽・辛	震卦☳	庚・卯 未・亥	坤卦☷	坤・乙	乾卦☰	乾・甲
巨門 中爻變 （上中変）	艮卦☶	艮・丙	兌卦☱	丁・酉 丑・巳	坎卦☵	子・癸 辰・申	離卦☲	壬・寅 午・戌
禄存 下爻變 （全変）	離卦☲	壬・寅 午・戌	坎卦☵	子・癸 辰・申	兌卦☱	丁・酉 丑・巳	艮卦☶	艮・丙
文曲 中爻變 （上下変）	乾卦☰	乾・甲	坤卦☷	坤・乙	震卦☳	庚・卯 未・亥	巽卦☴	巽・辛
廉貞 上爻變 （下変）	兌卦☱	丁・酉 丑・巳	艮卦☶	艮・丙	離卦☲	壬・寅 午・戌	坎卦☵	子・癸 辰・申
武曲 中爻變 （中下変）	震卦☳	庚・卯 未・亥	巽卦☴	巽・辛	乾卦☰	乾・甲	坤卦☷	坤・乙
破軍 下爻變 （中変）	坤卦☷	坤・乙	乾卦☰	乾・甲	巽卦☴	巽・辛	震卦☳	庚・卯 未・亥

山龍翻卦法《さんりゅうはんかほう》（1）※座が主

座山 / 九星	乾・甲 乾卦山		坤・乙 坤卦山		庚卯未亥 震卦山		巽・辛 巽卦山	
輔弼 不變	乾卦☰	乾・甲	坤卦☷	坤・乙	震卦☳	庚・卯 未・亥	巽卦☴	巽・辛
貪狼 上爻變 （上変）	兌卦☱	丁・酉 丑・巳	艮卦☶	艮・丙	離卦☲	壬・寅 午・戌	坎卦☵	子・癸 辰・申
巨門 中爻變 （上中変）	震卦☳	庚・卯 未・亥	巽卦☴	巽・辛	乾卦☰	乾・甲	坤卦☷	坤・乙
禄存 下爻變 （全変）	坤卦☷	坤・乙	乾卦☰	乾・甲	巽卦☴	巽・辛	震卦☳	庚・卯 未・亥
文曲 中爻變 （上下変）	坎卦☵	子・癸 辰・申	離卦☲	壬・寅 午・戌	艮卦☶	艮・丙	兌卦☱	丁・酉 丑・巳
廉貞 上爻變 （下変）	巽卦☴	巽・辛	震卦☳	庚・卯 未・亥	坤卦☷	坤・乙	乾卦☰	乾・甲
武曲 中爻變 （中下変）	艮卦☶	艮・丙	兌卦☱	丁・酉 丑・巳	坎卦☵	子・癸 辰・申	離卦☲	壬・寅 午・戌
破軍 下爻變 （中変）	離卦☲	壬・寅 午・戌	坎卦☵	子・癸 辰・申	兌卦☱	丁・酉 丑・巳	艮卦☶	艮・丙

第五章
紫白雙星斷事

天星交会訣 （年月紫白天星交会訣 妙派面訣３）

雙星斷事《そうせいだんじ》とは、年の九星紫白（一白から九紫をさす）と月の九星紫白が、家のどの方位に廻ってくるかと年と月の九星紫白の組み合わせによって、家にどのようなことが起こりやすいかを判断するものです。

（＊天星交会訣とは年の九星と月の九星の別名。）

●大門・玄関 ―― 財運・対人運
●台所・コンロ ― 健康運
●寝室 ―― 健康運・対人運

※二・五叠臨《ていりん》（畳臨）――同宮に二黒と五黄が重なった時を言う。
（玄関なら、玄関に二黒と五黄が重なった時など）

※二・五交媾《こうこう》（交加《こうか》）――二黒が玄関、五黄が寝室のドアなどに入った時を言う。
（二黒と五黄が家の中の大切な場所に別々に廻った時）

天星交会図作成、吉凶判断

① 立極点を中心に取る。
② 年の九星を中宮に置き各方位に遁行させる。
③ 次に月の九星を中宮に置き遁行させる。
④ この時に、大門、房門、台所などに入った年月の九星の重なり、動きにより毎年、毎月の吉凶を看る。
⑤ 特に、二・五畳臨、二・五交媾、六・七交剣煞《こうけんさつ》、三・二鬥牛《とうぎゅう》（闘牛）煞、を看る。

玄関が南にある場合、寝室と合わせて二・五交媾となる

一白中宮年、四緑中宮月		
九（年） 三（月） 東南	五（年） 八（月） **玄関** 南	七（年） 一（月） 南西
八（年） 二（月） 東	一（年） 四（月） 中央	三（年） 六（月） 西
四（年） 七（月） 北東	六（年） 九（月） 北	二（年） 五（月） **寝室** 北西

二・五畳臨《ていりん》

この交会図から、乾方（北西）に寝室、離方（南）に玄関があり、乾方二・五畳臨となり、離方と合わせて、二・五交媾なる為、健康面と財運に注意の年月となる。

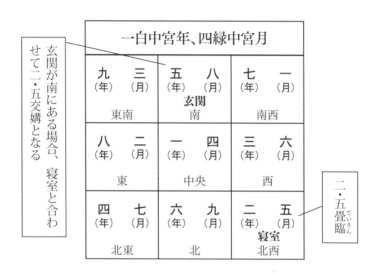

四緑中宮年、一白中宮月		
三（年） 九（月） 東南	八（年） 五（月） 南	一（年） 七（月） 南西
二（年） 八（月） 東	四（年） 一（月） 中央	六（年） 三（月） 西
七（年） 四（月） 北東	九（年） 六（月） 北	五（年） 二（月） **台所** 北西

二・五畳臨《ていりん》

この交会図から、乾方（北西）に台所がある場合、二・五畳臨となる為、健康面に注意の年月となる。乾宮に入っている所から、老人の病気や肺、骨の病気に注意と看る。

紫白九星吉凶断

一白坎水星（坎宮定位　休門）大吉

吉星で、慶事（喜び事）、官祿、仕事の星である。他に部下運、健康運、セックス運を司る。

二黒坤土星（坤宮定位　死門）大凶

病気の星であり、坤方を別名病門と言う。病気、トラブル、揉め事の凶星である。他に、母親運、妻運、家庭運を司る。

三碧震木星（震宮定位　傷門）凶

蚩尤《しゆう》の星であり、泥棒・争いの星である。つまり、争い、戦い、闘争、略奪を意味する凶星である。また、急激と言う意味もある。他に友人運、同僚運、仕事に対しての気力運を司る。

四緑巽木星（巽宮定位　杜門）半吉

文昌星とも呼ばれ、学問、勉学、研究を司り、一白と会うと文昌星の力が高まる。他に、結婚運、信用運、職業運を司る。

五黄中宮土星（中央定位）大凶星

腐敗と破滅・破壊や悪者を司り、他の星と会うと、その、他の星の悪象の部分を引き出す凶星である。

六白乾金星（乾宮定位　開門）大吉

寿を司る吉星である。開放、公正、公平、頭領、敬神なども、司り、他に、父親運、上司運、夫運、引立て運、出資者や後援者運を表す星でもある。

七赤兌金星（兌宮定位　驚門）凶星

泥棒、損失、破財、損財、遊興、不景気を司る凶星である。他に、福徳運、金運、恋愛運に関係が深い。

八白艮土星（艮宮定位　生門）吉星

財と不動産を司り、もし、この星と宮位が相克し合わなければ、星の力が強く出て吉象は、すぐに訪れる。離宮、艮宮、坤宮、乾宮、兌宮に入った時が吉象である。他に、子供運、蓄財運、相続運を司る。

九紫離火星（離宮定位　景門）中吉

吉星で、慶事、喜び事を司る星である。この星が臨むところは、仕事も順調で金運にも恵まれいつも笑い声が絶えないところとなる。他に、社会運、名誉・名声運、人気運を司る。

＊　＊　＊

雙星斷事一覧表

一・一 ―― 一白水にて水商売に通じ桃花となる。出張・旅行、遊びに吉。物を取られたり、インチキ、ペテンに遭いやすい。占師の意味もある。一白水が木を生む為、江湖中人（世の中の普通の人の意）は、三碧・四緑の人に有利。

一・二 ―― 土剋水にて、一白は、胃腸、内臓を表す事から、土に剋され、胃腸、内臓疾患の意味が出る。他に、水の流れを止める意があり、二黒は、下半身を表す事から、子宮、下半身の病気の意となる。

一・三——争い、騒ぎ、いざこざ、気苦労、会社でのトラブルや、意見が通らない、失職、降格、失業、訴訟、盗難、ゆすり、破産、散財。

一・四——本を読んで成功する。文章による成功、試験に有利、合格、名をあげる。人に褒められる、出張、外出、旅行に有利。有利な就職や昇給。出世、昇進。

一・五——五を視ると、五黄が悪星で変卦して中宮の星に変わる為、一白の悪象が出る。腰痛、水腫《むくみ》、糖尿病、耳鳴り、聾、耳痛、耳の病気。生殖器、腎臓、膀胱の病。色情に惑うなどの意もある。

一・六——戦いで名をあげる。軍隊や警察になって高官がでる。万事順調。縁起が良く、祝事や慶事がある。新規事業、開発に吉。

一・七——恋愛有利、外出、出張、旅行に有利。祝事や慶事がある。

一・八——土剋水となる為、耳の疾患、腎臓、泌尿器、生殖器の病。犬に咬まれて傷つけられたり、あるいは動物に引っ掛かれたりして傷を作る。

一・九 ―― 水剋火で火と水は相容れない。一白（坎）は、生殖器を意味する為、そこから性病や泌尿器の病となる。また、皮膚病や流産などの意もある。

二・一 ―― 二黒は病気宮であり、病気星である。二黒・一白共に陰の為、特に女性に病気が出やすい。二黒に女性・下半身と言う意がある為、そこから、婦人病と言う象意が出てくる。また、土剋水で水の流れを止める為、二黒の象意の腹や胃腸の病の意となる。

二・二 ―― 二黒は病気の星也。疾病、入院。二黒は女の星の為、女性は婦人病、さまざまな病気、災禍、妊娠。男性は胃腸や内臓の病気他、さまざまな病気。

二・三 ―― 「闘牛煞」と言いさまざまな争いの意味がある。会社でのトラブル、降格、失業。善悪に拘らず争いの象意。口舌。不和。法律問題、訴訟。交通事故。

二・四 ── 二（坤）は母を表し、四（巽）は結婚した娘、または、嫁を表す。木剋土から、姑と嫁の不和や不一致。親子喧嘩の象意。病気では、脾臓や、腹の病気などがある。

二・五 ── 二と五が会えば必ず主人が気持ちや体の調子を悪くする。また、孤独な寡婦や寡夫を出す。「キッチンに二が入った主な家は概ね母が多病である。そこに五黄と会えば、寡夫を出す事となる。」病気、損財、災禍などのあらゆる悪象が出やすい。

二・六 ── 田舎で大きな土地を持ち喜びを得るであろう。土地が土地を生み利益を得る。不動産の取得。ケチの為に孤独となる。

二・七 ── 土生金。七赤は、七運時に旺運と成り財に恵まれる。二七は、合わさり先天で火となる為、火で剋されて桃花となる為、色難により、心理的にも物質的にも脅かされ、損失を被る。ただし、命宮九紫の人には有利である。

二・八 ― 合わせて合十と成り吉である。合十は中央を表し、中央は土である事から、（二黒も八白も土であるので、）田畑や土地取得の喜びがある。また、土地関係においても利益を得る。増収増益。また、引越、転宅など、移り変わる事によっても利を得る。

二・九 ― 火（離）と土（坤）で両方陰で女である為、周りに女の人が多い環境となる。また、色難も強くなる。恋多き人、会社や家で女の人が多い、水商売との関わりなどの意がある。

三・一 ― 三碧は争いの星である。よって、口論、気性が激しい為に言い争う。仕事関係の争いやトラブル、訴訟。また、誤解によるトラブル。損財や、破財。争いによる損失。

三・二 ― 闘牛煞は、さまざまな争いの意。喧嘩、口論、気性が激しい。仕事関係の争いやトラブル、訴訟。損財や、破財。争いによる損失。交通事故（三（震）の突然と二（坤）の事故の意味から）。

三・三 ―― 仕事関係の争いやトラブル、訴訟。争い、諍い。父と長男の不和や喧嘩。交通事故。損財。盗難・強盗（蚩尤の盗難、争いの意から）。

三・四 ―― 三（震）で男、四（巽）で女。女は男に着いて行く。一生懸命頑張る（鋤で休まず耕すの意から）。男は女性によって助けられる。昇級、昇格。恋愛、結婚、色難。また、振り出しに戻る、信用が無くなる。知ったかぶり、学者ぶっているなどの意もある。

三・五 ―― 五を視ると、五黄が悪星で変卦して同宮の星に変わる為、三碧の悪象が出る。どのような星も五黄と会えば悪い事が多く起こる。それは、木剋土の象意である。三は足、肝臓、神経を表し、足のけがや、足、肝臓、神経、はれものなどの病気。急激、急性の病気。他、損財の意もある。

三・六 ―― 官非（会社、仕事場でのトラブル）、会社でいじめられる。意見が通らない。降格、失業。会社対会社では、法律問題、訴訟などの意味がある。手足の損傷。

三・七 ―― 損財。仕事での争い、トラブル。交通事故。盗難。七運時に七赤は旺運となる為、金運がある（しかし、金剋木の為、少しの金運となる）。

三・八 ―― 子供を損なう象意。子供にとって不利である。特に三歳前の子供にとっては事故や病気に遭いやすい。ぜんそくやつまずいて転び死んでしまう。流産、損財、同性愛の意もある。

三・九 ―― 聡明、賢いが、ケチである。

四・一 ―― 読書、文書による成功、利益。昇級、昇格、栄転、留学、進学、合格などの意。

四・二 ―― 四（巽）は結婚した娘、または、嫁を表し、二（坤）は母を表す。木剋土から、姑と嫁の不和や不一致。親子喧嘩の象意。病気では、脾臓や、腹（胃腸）の病気などがある。

四・三　――　少女は気が狂う。男の星、三（震）が女の星四（巽）と一緒になるのは、男がずるい女に狂う象である。他に、色難、恋愛、結婚、昇級、昇格などの意がある。

四・四　――　四（巽）は、文昌宮でもある為、そこから出門は、栄転、留学などの意となる。桃花は、この場合良い意味での桃花で、良縁、結婚、もてるの意。しかし、度が過ぎると色難となる。

四・五　――　五を視ると、五黄が悪星で変卦して中宮の星に変わる為、四緑の悪象が出る。どのような星も五黄と会えば悪い事が多く起こる。それは、木剋土の象意である。胆のう、股、女性生殖器、骨盤、大腿骨の病。他に、損財、破産の意。

四・六　――　悩み煩う事が多くなる。欲望のままに動く為、後で苦しむ。最初は合うが後で別れてしまう。不調、不順の意もある。

四・七　――　七運の時を得て、増収・増益と共に異性との良縁がある。

四・八 ―― 田舎で大きな土地を持ち喜びを得るであろう。不動産の取得や土地や不動産での利益。増収・増益。株式・債券での利益。女性の同性愛。

四・九 ―― 四九は合わさり先天で金と化す。木と火が通じるので聡明で秀才となる。また、隠れた恋愛（不倫）、同性愛、不常・異常な恋愛。

五・一 ―― 五は、他の星と会えば、他の星の悪象を引き出す事となる。一（坎）と会えば一白の悪象が出る。膀胱、腎臓、糖尿、腰痛、水腫《むくみ》、耳、生殖器の病。

五・二 ―― 腸病。手足の損傷。「五黄と二黒が会う時、夫を亡くした婦人が出る」。二黒は死気であり、病気を司る星であり、五黄はあらゆる物を滅ぼす事から、あらゆる病気、災禍、婦人病、損失。特に孤独の象意がある。

五・三 ―― 損財と同時に身体に傷を負ってしまう。生活苦と病気が同時にやって来る。足の怪我、神経症、肝臓病、発作を伴う病気。事故、破産、損財などの意もある。

五・四――五黄は三碧、四緑と会うのを最も忌み嫌う。土は土地を表すので、土地を失くす象意となる。破産、土地家屋を失う、土地家屋に関する損財。その他の損財。胆のう、股、ウイルス性の病気の象意がある。

五・五――五黄はすべてを腐敗させ亡くする象意がある。その星が重なる為、二つの重い災いや、病気と破産が重なる。重病、大事故、破産と自殺、離婚と自殺や破産などの象意がある。

五・六――金生水で六白が五黄を生むので吉象となる。ただし、六白は頭、肺、老人を表すので六白象意の病気に注意が必要である。

五・七――土生金で基本的に吉である。七運時七赤は、吉星となる為、財・名共に吉となる。ただし、五黄が凶星である事に変わりはないので、土生金で金性が強くなる為、刀傷、流血病（白血病など）、喉、腸、血行の災いなどの象意がある。

五・八――基本的に吉である。土（五黄）と土（八白）から、土性が強くなり、結果、金を強くするので、刀傷、手術などの意が出てくる。また、八白の象意から胃、腰、手などの病の象もある。吉象意は八白の不動産や貯蓄、安定など、財利が得られる。

五・九 ――凶である。不吉を司る。五黄の象意を九紫（火）が強める為、重病、疫病、眼病、心臓病などの象意がある。また、火災、離散、離婚などの象意がある。

六・一 ――先天一・六共宗水《きょうしゅうすい》。権威、名誉が思いのまま。万事順調。恋愛関係も順調で吉である。

六・二 ――土生金。二黒が六白に気を漏らす為、二黒の悪象が出る。腸疾患、婦人病など。また、六白からすると、気を貰える為、六白の吉象意の増収増益や、不動産の取得などの吉象もある。

六・三 ――手足の損傷。会社・仕事のトラブル。

六・四 ―― 何かを始める時、最初は意見が合うが後で分散してしまう。女性は病気が多くなる。金剋木で、金の気を木を刻する事に使い、金の気が弱くなる為、結果火が強くなる。その為、高血圧、心臓病、胆のうなどの病が出てくる。また、離婚の意もある。他に、順風満帆、商売、事業での成功、順調などの意がある。

六・五 ―― 五を視ると、五黄が悪星で変卦して同宮の星に変わる為、六白の悪象が出る。土生金だが、凶星五黄が六白乾に合うので乾の悪象意が出る。頭、骨、肺の病気や怪我。

六・六 ―― 順調、思いのまま、安定。財を蓄える。

六・七 ―― 大凶。六と七は金なので、剣と剣を交え戦う程、酷い争いになる。合同事業、共同作業の失敗や、仲間割れ、厄介事が多くなる。籠の中の鶏までもが逆らうようになる。部下の反逆、官非、男女不和などが起こる。又、悪い女に騙される（七運時）。手足の損傷、皮膚病、性病、おたふく風邪。

六・八――吉。増収増益。不動産に関係する利益。不動産投資に吉。

六・九――家を焼く程の親不孝の子が出る。梅毒、破傷風、脳の病、おたふく風邪。他に、地位や名誉は出来るがその実、金銭面では恵まれないなどの意がある。

七・一――出張、旅行、遠出に吉。恋愛運の向上。

七・二――先天七二合火。順調で利益が上がる。特に命理、二黒、五黄、八白の人には吉である。先天火剋七赤金にて、六白、七赤の人は、仕事上のトラブル、官非、降格の象。火剋水にて、一白の人は心臓病、頭の病気などの象意がある。

七・三――大凶。打劫＝強奪。損財。官非。刀で刺される。目が見えなくなる。仕事上のトラブル、喧嘩、盗難、交通事故、突発的な物による怪我や手術。

七・四――恋愛、出張・旅行（半吉）。浮気、色難。

七・五――五を視ると、五黄が悪星で変卦して中宮の星に変わる為、七赤の悪象が出る。土生金にて、刃物による怪我や傷。血光の災い。手術（刃物（メス）で切る為）。肝臓、神経、足の病や怪我（手術を要するようなもの）。流血病（白血病など血を流す病気）。

七・六――大凶。交剣煞《こうけんさつ》とは、剣と剣を交え戦う程、酷い争いになるという意味。合同事業、共同作業の失敗や、仲間割れ。会社、仕事でのトラブル。男女不和。離婚。刃傷沙汰。

七・七――七運に当たれば旺運にて大吉。財を築く事が出来る。七は本来、損財の星であるから、七運以外は、破財・損財。官非（仕事上のトラブル）。争い、盗難、交通事故の象意がある。

七・八――昇格、昇給。良い噂。名をあげる。実利（土生金で八艮は財を表す為）。

七・九――回禄災《かいろく》。回禄とは、火事の事。火災の災いや、官訴、トラブル。人との争いによる破財。やけど、血の止まらないような傷や病気や事故。心臓疾患。

八・一――土剋水。膀胱疾患。耳の病。生殖器、腎臓の病。心臓病（土剋水で水の力が弱まれば火の力が強くなる為）。水腫《むくみ》、血栓。

八・二――疾病。二黒は病気の星であり、八と合わさり、頑固な病気となる。男（艮）も女（坤）も病気になってしまう。腰、胃、脾臓、胃腸の病気や手の病気や怪我。

八・三――木剋土。子供に不利な星の組み合わせで、子供の病気や怪我。離婚。子供が出来ない、流産。婚期が遅れる、行かず後家。叔母や姑が強い家。腰痛、自殺、首吊。

八・四――木剋土。離婚象意。娘は行き遅れて婚期を逃す。姑や叔母が強い家である。だから、嫁の来てが無い。子供が生まれなかったり、子供が居れば、病気がちで子供には不利である。服毒自殺。首吊。腰痛。胆石、胆のうの病。

八・五 ―― 五を視ると、五黄が悪星で変卦して中宮の星に変わる為、八白艮の悪象が出る。五黄の病気や破産の意味からと、八白の不動産、財の意味より、財は得るが病気になったり、成功したと思ったら、不動産を手放す羽目に遭ったりする。八運時は旺運。

八・六 ―― 土生金で、八艮の意味の財運（特に不動産運や蓄財運）が出てくる。昇給、昇格、順調、安定などの象意。

八・七 ―― 昇給、昇格の象意があるが、七兌は、本来破財の星の為、八を看ても、増収増益とは言っても少ない利益となる。唯《ただ》、合十五の為ある程度良い面が出てくる。

八・八 ―― 財運の星が重なり、大きな財運、特に不動産や貯蓄運が期待できる。しかし、艮が重なる為、ケチとなってしまう。

八・九 ―― 火生土で、「興隆豊運（豊かに栄える運）」であるから、財が財を呼び、順調に利益を上げると共に豊かになってくる。

九・一――恋愛。既婚者には色難。昔、中国で、学問を積み、科挙を受けて官になった人。士大夫。また、学者・知識人。性病、皮膚病、難産。

九・二――婦人病。陰（九離）と陰（二坤）で女が多い事から、会社や家や近所で女の人が多い運となる。また、色難、恋多き人や、水商売などの意味もある。

九・三――会社や仕事でのトラブル、いじめ、意見が通らない、失職、降格、降級、賃金カット、喧嘩、口舌。会社対会社では、法律問題、訴訟などの意がある。聡明であるが、ケチ（節約家）の意もある。

九・四――異常な恋愛や、異常な性癖。不倫。同性愛。先天九四が合わさり金となり、聡明で優秀な人や秀才の意味も出てくる。

九・五――五を視ると、五黄が悪星で変卦して中宮の星に変わる為、九紫離の悪象が出るが、この場合は、それ以上に、火生土で五黄の力が強くなる事から、重病、疾病、長患い、などの他、九紫の象意の眼病、心臓病。両方の意から、事故による損傷、障がいなどの後遺症が出る。

九・六――脳に関する病気や怪我。頭痛。子供が親の言う事を聞かないなどの意味が出てくる。

九・七――火の神、火災、火に関する災い。心臓病。官訴。トラブル。人と争っての破財。火傷、血の止まらないような病気や怪我や事故（火と金から事故となる）。

九・八――吐血。火生土で、「興隆豊運（豊かに栄える運）」であるから、財が財を呼び、順調に利益を上げると共に豊かになってくる。しかし、當運、進神（八運または、九運）以外は吐血の病が當運よりも出やすくなる。

九・九――離が重なる為、火が強く九紫の悪象が出やすくなる。目の疾患。頭の病。心臓疾患。吐血。火の不始末からの火災。すべて燃えて無くなってしまう（元の木阿弥）。離婚などの象意もある。

羅盤

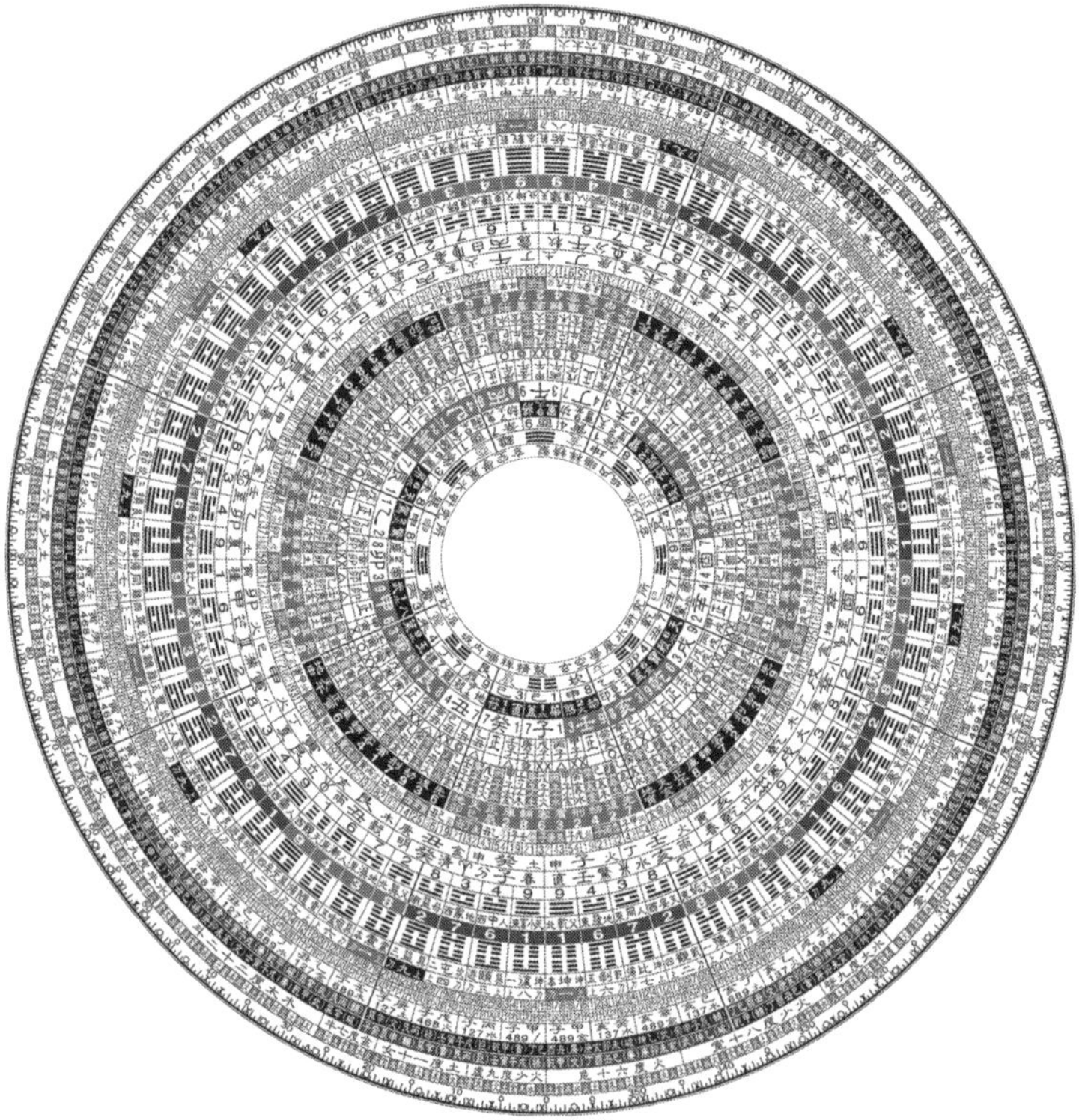

この玄妙派羅盤は七寸二分の大きさの中に三十一層あり、様々な看法を使うためのデータが書き込まれています。層が多いということは、それだけデータが多いことを表します。風水師は、方位を元に羅盤の様々なデータを複合的に頭の中で組み立てて、その場所と対応させ、その場所の吉凶を割り出します。

第三部

断易

第一章 断易《だんえき》

断易とは、別名五行易とも言い、六十四卦の爻に十二支を振り、その十二支の五行と卦の五行を対比させて、六親《りくしん》(二二八頁参照)というものを振っていきます。各卦に、世爻《せこう》と應爻《おうこう》というものが決まった位置に配置されていて、例えば、自分と相手などを見るような場合は、世爻を自分として、應爻を相手として相剋や相生、破、害、支合などを含め、関係を見て行きます。占う目的が決まっていれば、占う目的に合った六親を用神として、見て行く占いです。世爻や應爻にどのような六親が付くかなどでも見ますし、世爻應爻が上卦に付くか、下卦に付くか、変爻はあるか、変爻したものにまた十二支、六親を振り、本卦との関係なども見て行き、判断します。

1 卦を出す(立卦または揲筮《ちょうぜい》)方法として、本筮法、中筮法、略筮法などがあり、他に無筮立卦法や心易無筮立卦法、機械的無筮立卦法などがありますが、ここでは、機械的簡易立卦法の「骰子《さいころ》」筮法を紹介します。これは八面体のサイコロを使った方が分かり易く、今では八面体のサイコロが安価で売っていますのでこれを使っての立卦法をご紹介します。

2 八面体サイコロを二個用意します。

3 占う内容(占的)をきちんと整理し、なるべく短い言葉で簡潔にまとめます。

4 心を落ち着かせ、占的のみを考えて、サイコロを振る作業に入ります。

5 まずは、用意したサイコロ二つを同時に振り、手前に来たサイコロを初爻(一番下の爻)として、奥にあるサイコロを二爻とします。

6 もう一度サイコロを二個同時に振り、手前に来た方を三爻とし、奥にある方を四爻とします。

7 再度、サイコロを二個同時に振り、手前に来たサイコロを五爻とし、奥のサイコロを上爻(一番上の爻)とします。これで、本卦が出ます。

この時の八卦の陰陽は、以下の通りにします。

●乾・震・坎・艮であれば「陽」とします。
記号は「⚊」となります。

●坤・巽・離・兌であれば「陰」とします。
記号は「⚋」となります。

一回サイコロを振るたびに、八卦名と記号を書いておきます。三回、二個ずつ振ると、六爻すべてが出て、六十四卦が出来上がります。これを、本卦《ほんか》と言います。乾と坤が出た爻は、本卦の爻が陽であれば、陰にします。これを「変爻」と言います。変爻した六十四卦を之卦《しか》と言います。乾や坤が無ければ之卦はありません。

これを例で示すと、

一回目に振ったサイコロの手前が「震」、奥が「坎」
二回目に振ったサイコロの手前が「乾」、奥が「兌」
三回目に振ったサイコロの手前が「坤」、奥が「巽」であった場合、これを並べると、
巽(上爻)　坤(五爻)　兌(四爻)　乾(三爻)　坎(二爻)　震(初爻)となります。

これを陰陽の形で表現すると、

䷊

という形になります。

これは、地天泰《ちてんたい》という六十四卦になり、首卦が「坤」の三世卦になります。これが本卦です。
この形を六十四卦断易表(二三二頁〜二四七頁参照)から探すと、首卦が「坤」の仲間になるので、
この卦の五行は「土」となります。

この卦の五行と、六十四卦断易表に書いてある十二支の五行との相剋で六親が決まり、六十四卦断易表にはすでに、振ってあります。

※六十四卦の五行は、首卦の五行になります。
首卦が、乾兌＝「金」、離＝「火」、震巽＝「木」、坎＝「水」、艮坤＝「土」となります。

この卦を出した時に三爻が「乾」、五爻が「坤」になっていますので、乾と坤は変爻するので、三爻の陽は陰に変わり、五爻の陰は陽に変わります。

これを陰陽の形で表すと、

䷻

という形になり、これを「之卦」と言います。この形は、水澤節《すいたくせつ》というものになります。このような方法で、卦を算出し、爻の五行で、占的に対する判断を下します。

判断に用いる爻

判断に用いる爻を「用神《ようじん》」と言います。

六親の意味は、用神説明（二二六頁～二二七頁）を見て、占的に合うものを用神とします。

用神

自分のことを見るのであれば、世爻（二三二頁～二四七頁の六十四卦断易表参照）を自分として用神とします。その用神が、他の爻、日の十二支、などから五行相剋で強められるのか、弱められるのかによって判断して行きます。

例

例えば、自分の病気の善し悪しを見る場合には、自分のことですから、用神には「世爻」を取りますが、病気自体は「官鬼」を取ります。「官鬼」に勝つのは「子孫」ですから、世爻に子孫が付いていれば、吉として見ます。さらに他の爻から、世爻が生じられたり、旺じて（同じ五行）いれば、世爻が強くなるのでさらに吉とし、官鬼が他の爻から生じられていたり、旺じていれば、今はまだ治らないが、時間を掛ければ治るだろう。などと判断します。

簡単な判断で説明しましたが、他に色々な条件によって、判断が違ってきますし、逆になる場合も在ります。立卦法などは色々あるので、自分に合ったものを選べば良いと思いますし、それによる判断などは専門書籍に譲りますが、決断や選択、状況判断にはとても的確に結果が出る占法です。

第二章

断易資料

用神説明（六親五類）　（二二八頁の図もご参照ください。）

【父母《ふぼ》】　本卦の五行を生む地支

父母とは、自分を生じてくれるすべてのもので、先祖、父母、祖父母、叔父や叔母、舅、姑、上司など。他には、土地、家屋、田畑（その場所から自分が益を受ける物）、電車、車、飛行機など、自分を運んでくれる物。手紙・電話などの通信手段などの他色々あるが、自分に力を貸してくれたり、自分を保護してくれるもの全般を指す。

【官鬼《かんき》】　本卦の五行を剋す地支

夫・夫の兄弟姉妹や同僚、官公職員、官公庁、裁判所、政治家、神社仏閣、墓、先祖・敵方、盗賊、やくざ、邪教、銃器類、刀剣類、逆風、曜煞、巒頭殺、悩み事、意地悪な人、自分に危害を加える人、恐怖、不安、病気全般など、自分に害を及ぼす物や人など全般を指す。

【兄弟《けいてい》】　本卦の五行と同じ五行

兄弟姉妹、いとこ、同僚、ライバルなど、自分と同じような立場の人や、趣味などで集める物、家の状態などを指す。さらに、兄弟は、言い争いや喧嘩を司る主星で、破財の星でもある。

【妻財《さいざい》】　本卦の五行が剋す地支

自分の妻、妾、兄弟の妻や妾、使用人、上司から見た部下、女子全般、通貨、貴金属、宝石類、倉庫、生活で使う物全般、食料品、衣料品、など、自分が管理する物全般、自分で自由になるもの全般で、自由にならないものや管理できない物は入らない。他に薬などの意味がある。

【子孫《しそん》】　本卦の五行が生じる地支

子供、孫、甥姪、門人、生徒、忠臣、良将、神官、僧侶、道人術士、兵、家畜、ペット、医薬、医者、憂鬱を解く物、財源、難を避けれる地、官公人にとっては離職・降格の主星となる。その他、太陽、月、晴天などを指すが、基本的には、自分が守るべきものと、自分の力を注ぐ物すべてに関係する。

断易六親図

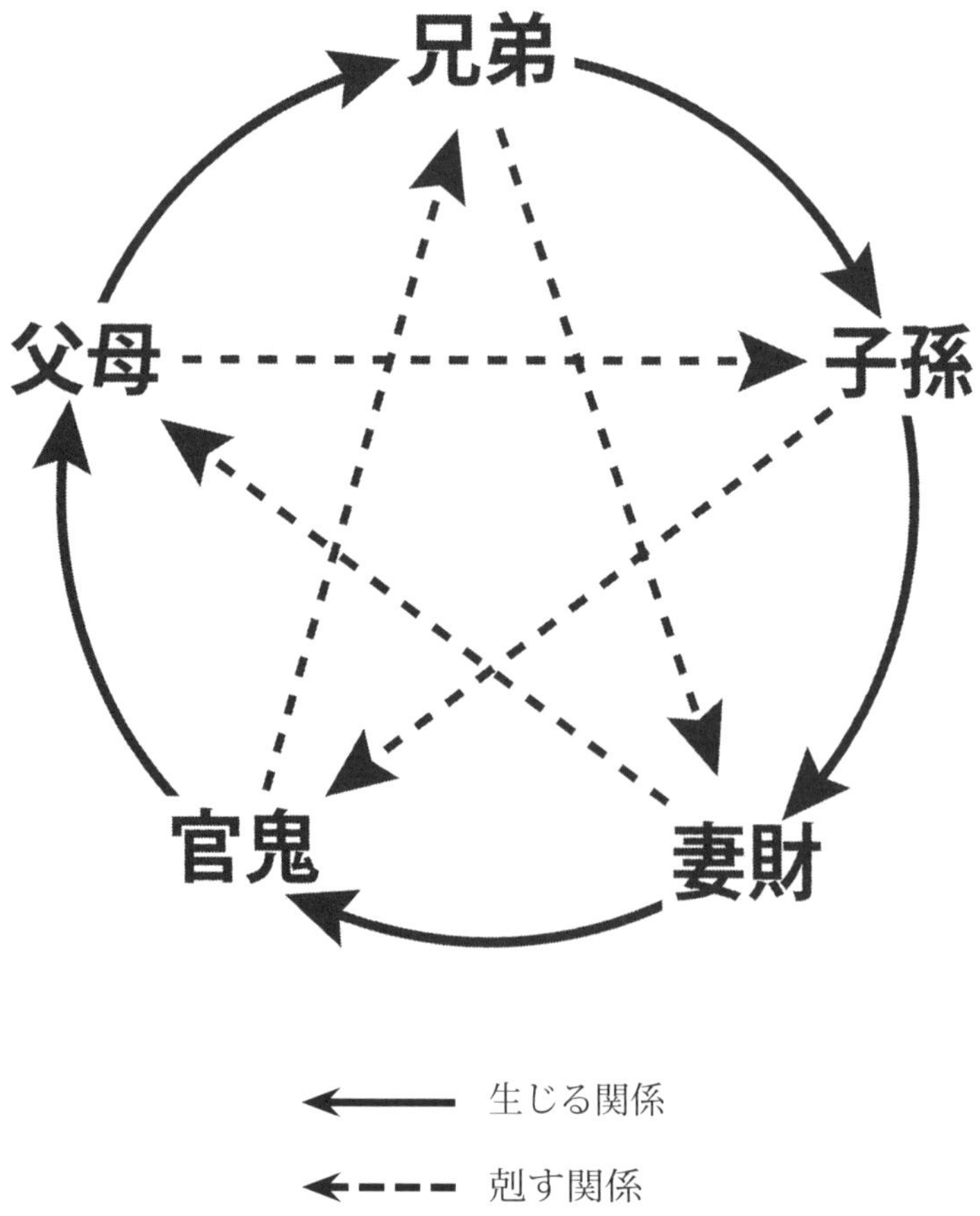

断易六親図の説明

右頁の図は、六親の相生と相剋の関係を表わしています。

兄弟《ていけい》 — 兄弟は父母から生じられ、子孫を生じ、妻財を剋し、官鬼から剋されます。

子孫《しそん》 — 子孫は兄弟から生じられ、妻財を生じ、官鬼を剋し、父母から剋されます。

妻財《さいざい》 — 妻財は子孫から生じられ、官鬼を生じ、父母を剋し、兄弟から剋されます。

官鬼《かんき》 — 官鬼は妻財から生じられ、父母を生じ、兄弟を剋し、子孫から剋されます。

父母《ふぼ》 — 父母は官鬼から生じられ、兄弟を生じ、子孫を剋し、妻財から剋されます。

六親は生じられれば強くなり、生じた方は力を漏らすため弱くなり、剋されれば弱くなり、剋せば、剋した方は剋す事に力を取られる為相対的には弱くなってしまうという関係にあります。

断易では、その関係の中でどの六親が強くなり、どの六親が弱くなるかという事を判断に用いる様にします。

断易資料

六獣神表

壬癸	庚辛	己	戊	丙丁	甲乙	日干
白虎	騰蛇	勾陳	朱雀	青龍	玄武	上爻
騰蛇	勾陳	朱雀	青龍	玄武	白虎	五爻
勾陳	朱雀	青龍	玄武	白虎	騰蛇	四爻
朱雀	青龍	玄武	白虎	騰蛇	勾陳	三爻
青龍	玄武	白虎	騰蛇	勾陳	朱雀	二爻
玄武	白虎	騰蛇	勾陳	朱雀	青龍	初爻

旺相死囚休表

冬	秋	土用	夏	春	
水	金	土	火	木	旺
木	水	金	土	火	相
火	木	水	金	土	死
土	火	木	水	金	囚
金	土	火	木	水	休

駅馬	劫殺	咸池殺	日支
寅	巳	酉	申・子・辰
巳	申	子	亥・卯・未
申	亥	卯	寅・午・戌
亥	寅	午	巳・酉・丑

十干禄	羊刃	文昌	天乙貴人	日干
寅	卯	巳	丑・未	甲
卯	辰	午	子・申	乙
巳	午	申	亥・酉	丙
午	未	酉	亥・酉	丁
巳	午	申	丑・未	戊
午	未	酉	子・申	己
申	酉	亥	午・寅	庚
酉	戌	子	午・寅	辛
亥	子	寅	巳・卯	壬
子	丑	卯	巳・卯	癸

往亡（凶星）	天喜（天医）	月支
寅	戌	寅
巳	亥	卯
申	子	辰
亥	丑	巳
卯	寅	午
午	卯	未
酉	辰	申
子	巳	酉
辰	午	戌
未	未	亥
戌	申	子
丑	酉	丑

六十四卦周易表

上卦／下卦	乾《けん》天	兌《だ》澤	離《り》火	震《しん》雷	巽《そん》風	坎《かん》水	艮《ごん》山	坤《こん》地
乾《けん》天《てん》	乾為天《けんいてん》 9 一乾	澤天夬《たくてんかい》 4 六夬	火天大有《かてんたいゆう》 3 七大有	雷天大壮《らいてんたいそう》 8 二大壮	風天小畜《ふうてんしょうちく》 2 八小畜	水天需《すいてんじゅ》 7 三需	山天大畜《さんてんたいちく》 6 四大畜	地天泰《ちてんたい》 1 九泰
兌《だ》澤《たく》	天澤履《てんたくり》 9 六履	兌為澤《だいたく》 4 一兌	火澤睽《かたくけい》 3 二睽	雷澤帰妹《らいたくきまい》 8 七帰妹	風澤中孚《ふうたくちゅうふ》 2 三中孚	水澤節《すいたくせつ》 7 八節	山澤損《さんたくそん》 6 九損	地澤臨《ちたくりん》 1 四臨
離《り》火《か》	天火同人《てんかどうじん》 9 七同人	澤火革《たくかかく》 4 二革	離為火《りいか》 3 一離	雷火豊《らいかほう》 8 六豊	風火家人《ふうかかじん》 2 四家人	水火既済《すいかきせい》 7 九既済	山火賁《さんかひ》 6 八賁	地火明夷《ちかめいい》 1 三明夷
震《しん》雷《らい》	天雷无妄《てんらいむもう》 9 二无妄	澤雷随《たくらいずい》 4 七随	火雷噬嗑《からいぜいごう》 3 六噬嗑	震為雷《しんいらい》 8 一震	風雷益《ふうらいえき》 2 九益	水雷屯《すいらいちゅん》 7 四屯	山雷頤《さんらいい》 6 三頤	地雷復《ちらいふく》 1 八復
巽《そん》風《ふう》	天風姤《てんぷうこう》 9 八姤	澤風大過《たくふうたいか》 4 三大過	火風鼎《かふうてい》 3 四鼎	雷風恒《らいふうこう》 8 九恒	巽為風《そんいふう》 2 一巽	水風井《すいふうせい》 7 六井	山風蠱《さんぷうこ》 6 七蠱	地風升《ちふうしょう》 1 二升
坎《かん》水《すい》	天水訟《てんすいしょう》 9 三訟	澤水困《たくすいこん》 4 八困	火水未済《かすいびせい》 3 九未済	雷水解《らいすいかい》 8 四解	風水渙《ふうすいかん》 2 六渙	坎為水《かんいすい》 7 一坎	山水蒙《さんすいもう》 6 二蒙	地水師《ちすいし》 1 七師
艮《ごん》山《ざん》	天山遯《てんざんとん》 9 四遯	澤山咸《たくざんかん》 4 九咸	火山旅《かざんりょ》 3 八旅	雷山小過《らいざんしょうか》 8 三小過	風山漸《ふうざんぜん》 2 七漸	水山蹇《すいざんけん》 7 二蹇	艮為山《ごんいざん》 6 一艮	地山謙《ちざんけん》 1 六謙
坤《こん》地《ち》	天地否《てんちひ》 9 九否	澤地萃《たくちすい》 4 四萃	火地晋《かちしん》 3 三晋	雷地豫《らいちよ》 8 八豫	風地観《ふうちかん》 2 二観	水地比《すいちひ》 7 七比	山地剝《さんちはく》 6 六剝	坤為地《こんいち》 1 一坤

六十四卦断易表

【乾卦】

乾《けん》

六冲卦

世應	干	支	六親	伏神
世爻	壬	戌	父母	
		申	兄弟	
		午	官鬼	
應爻	甲	辰	父母	
		寅	妻財	
		子	子孫	

首卦

姤《こう》

世應	干	支	六親	伏神
	壬	戌	父母	
		申	兄弟	
應身		午	官鬼	
	辛	酉	兄弟	
		亥	子孫	伏寅 妻財
世爻		丑	父母	

第一世

遯《とん》

世應	干	支	六親	伏神
	壬	戌	父母	
應爻		申	兄弟	
		午	官鬼	
	丙	申	兄弟	
世爻		午	官鬼	伏寅 妻財
		辰	父母	伏子 子孫

第二世

否《ひ》

六合卦

世應	干	支	六親	伏神
應爻	壬	戌	父母	
身		申	兄弟	
		午	官鬼	
世爻	乙	卯	妻財	
		巳	官鬼	
		未	父母	伏子 子孫

第三世

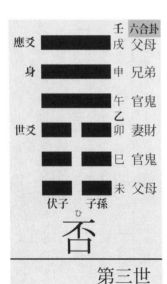

観《かん》

第四世

剝《はく》

第五世

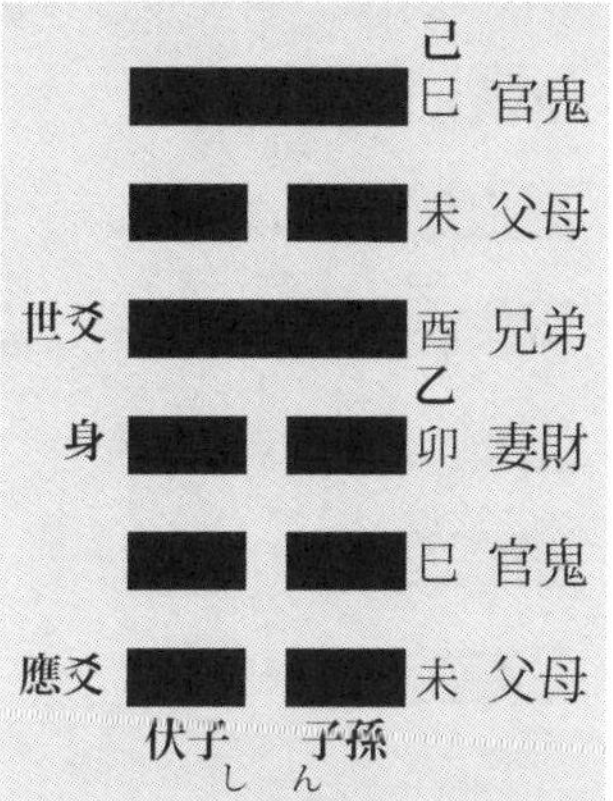

晋《しん》

遊魂卦《ゆうこんか》

大有《たいゆう》

帰魂卦

【兌卦】

六冲卦

	丁	
世爻	未	父母
	酉	兄弟
身	亥	子孫
	丁	
應爻	丑	父母
	卯	妻財
	巳	官鬼

兌《だ》

首卦

	丁	
身	未	父母
應爻	酉	兄弟
	亥	子孫
	乙	
	卯	妻財
世爻	巳	官鬼
身	未	父母

萃《すい》

第二世

六合卦

	丁	
	未	父母
	酉	兄弟
應爻	亥	子孫
	戊	
身	午	官鬼
	辰	父母
世爻	寅	妻財

困《こん》

第一世

	丁	
應爻	未	父母
	酉	兄弟
	亥	子孫
	丙	
世爻	申	兄弟
	午	官鬼
伏卯		妻財
	辰	父母

咸《かん》

第三世

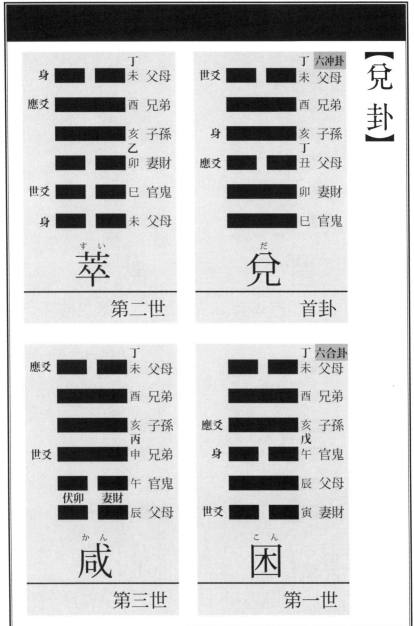

庚
戌 父母
申 兄弟
世爻 午 官鬼
伏亥 子孫 丙
申 兄弟
午 官鬼
伏卯 妻財
應爻 辰 父母

小過《しょうか》

遊魂卦

戊
子 子孫
戌 父母
世爻 申 兄弟
丙
申 兄弟
午 官鬼
伏卯 妻財
應爻 辰 父母

蹇《けん》

第四世

庚
應爻 戌 父母
身 申 兄弟
午 官鬼
伏亥 子孫 丁
世爻 丑 父母
卯 妻財
巳 官鬼

帰妹《きまい》

帰魂卦

癸
酉 兄弟
世爻 亥 子孫
丑 父母
丙
申 兄弟
應爻 午 官鬼
伏卯 妻財
辰 父母

謙《けん》

第五世

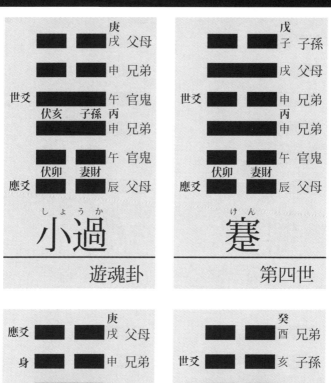

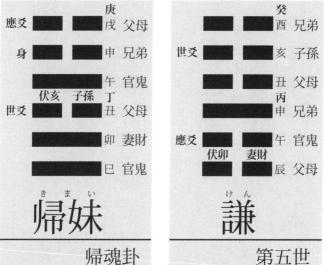

【離卦】

離《り》

六冲卦

世身	己巳	兄弟
	未	子孫
	酉	妻財
應爻	己亥	官鬼
	丑	子孫
	卯	父母

首卦

旅《りょ》

六合卦

	己巳	兄弟
	未	子孫
應爻	酉	妻財
	丙申	妻財（伏亥 官鬼）
身	午	兄弟
世爻	辰	子孫（伏卯 父母）

第一世

鼎《てい》

	己巳	兄弟
應爻	未	子孫
	酉	妻財
	辛酉	妻財
世爻	亥	官鬼
身	丑	子孫（伏卯 父母）

第二世

未済《びせい》

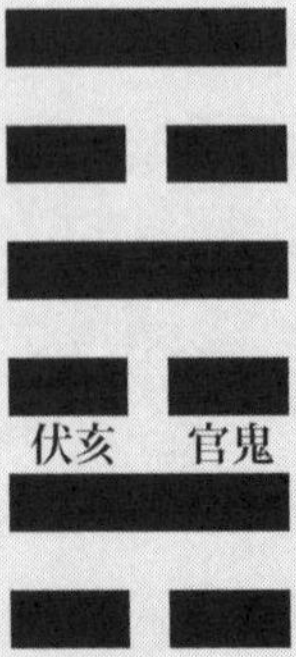

應爻	己巳	兄弟
	未	子孫
	酉	妻財
世爻	戊午	兄弟（伏亥 官鬼）
	辰	子孫
	寅	父母

第三世

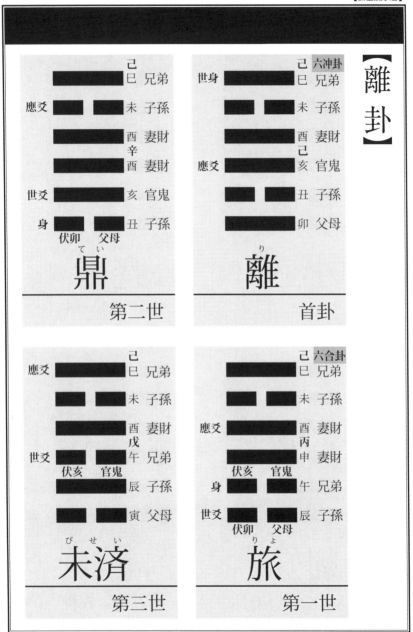

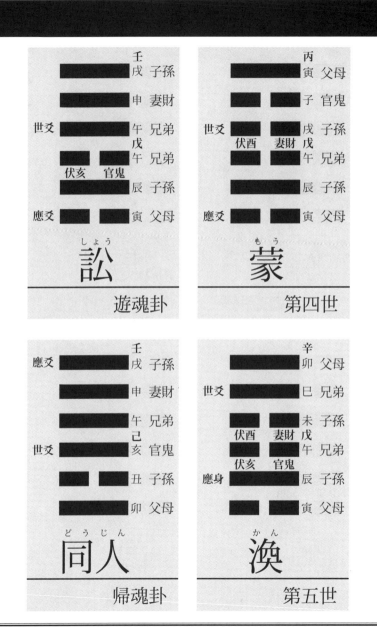

訟《しょう》

遊魂卦

	壬	
	戌	子孫
	申	妻財
世爻	午	兄弟
	戊	
	午	兄弟
	伏亥	官鬼
	辰	子孫
應爻	寅	父母

蒙《もう》

第四世

	丙	
	寅	父母
	子	官鬼
世爻	戌	子孫
	伏酉 妻財	戊
	午	兄弟
	辰	子孫
應爻	寅	父母

同人《どうじん》

帰魂卦

	壬	
應爻	戌	子孫
	申	妻財
	午	兄弟
	己	
世爻	亥	官鬼
	丑	子孫
	卯	父母

渙《かん》

第五世

	辛	
	卯	父母
世爻	巳	兄弟
	未	子孫
	伏酉 妻財	戊
	午	兄弟
	伏亥	官鬼
應身	辰	子孫
	寅	父母

【震卦】

世爻	⚋	庚戌	妻財
	⚋	申	官鬼
	⚊	午	子孫
應爻	⚋	庚辰	妻財
	⚋	寅	兄弟
	⚊	子	父母

六冲卦

震《しん》

首卦

	⚋	庚戌	妻財
	⚋	申	官鬼
應身	⚊	午	子孫
	⚋	乙卯	兄弟
	⚋	巳	子孫
世爻	⚋	未	妻財

伏子　父母

六合卦

豫《よ》

第一世

	⚋	庚戌	妻財
應爻	⚋	申	官鬼
	⚊	午	子孫
	⚋	戊午	子孫
世爻	⚊	辰	妻財
	⚋	寅	兄弟

伏子　父母

解《かい》

第二世

應爻	⚋	庚戌	妻財
	⚋	申	官鬼
	⚊	午	子孫
世爻	⚊	辛酉	官鬼
	⚊	亥	父母
	⚋	丑	妻財

伏寅　兄弟

恒《こう》

第三世

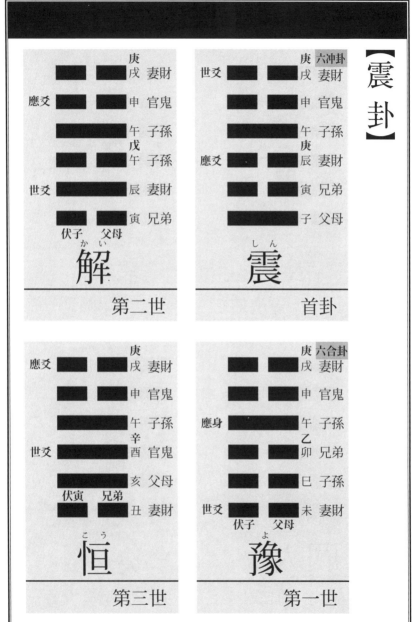

	癸
身	酉 官鬼
	亥 父母
世爻	丑 妻財
伏午 子孫	辛
身	酉 官鬼
	亥 父母
伏寅 兄弟	
應爻	丑 妻財

升《しょう》

第四世

	戊
	子 父母
世爻	戌 妻財
	申 官鬼
伏午 子孫	辛
身	酉 官鬼
應爻	亥 父母
伏寅 兄弟	
	丑 妻財

井《せい》

第五世

	丁
	未 妻財
	酉 官鬼
世爻	亥 父母
伏午 子孫	辛
	酉 官鬼
	亥 父母
伏寅 兄弟	
應爻	丑 妻財

大過《たいか》

遊魂卦

	丁
應爻	未 妻財
身	酉 官鬼
	亥 父母
伏午 子孫	庚
世爻	辰 妻財
	寅 兄弟
	子 父母

随《ずい》

帰魂卦

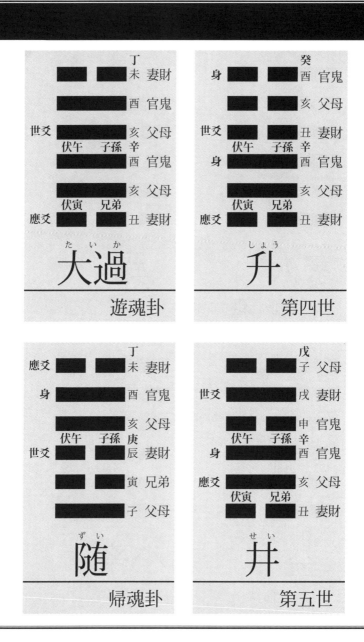

【巽卦】

六冲卦

巽《そん》

世爻	⚊	辛 卯	兄弟
身	⚊	巳	子孫
	⚋	未	妻財
應爻	⚊	辛 酉	官鬼
	⚊	亥	父母
	⚋	丑	妻財

首卦

小畜《しょうちく》

	⚊	辛 卯	兄弟
	⚊	巳	子孫
應爻	⚋	未	妻財
	⚊	甲 辰	妻財
	⚊（伏酉 官鬼）	寅	兄弟
世身	⚊	子	父母

第一世

家人《かじん》

	⚊	辛 卯	兄弟
應爻	⚊	巳	子孫
身	⚋	未	妻財
	⚊	己 亥	父母
世爻	⚋（伏酉 官鬼）	丑	妻財
	⚊	卯	兄弟

第二世

益《えき》

應爻	⚊	辛 卯	兄弟
	⚊	巳	子孫
	⚋	未	妻財
世爻	⚋	庚 辰	妻財
	⚋（伏酉 官鬼）	寅	兄弟
	⚊	子	父母

第三世

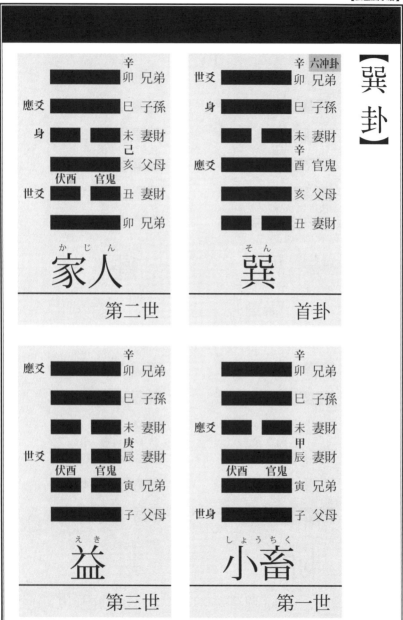

六冲卦

		干支	六親
	⚊	壬戌	妻財
	⚊	申	官鬼
世爻	⚊	午	子孫
	⚋	庚辰	妻財
	⚋	寅	兄弟
應爻	⚊	子	父母

无妄《むもう》

第四世

		干支	六親
	⚊	己巳	子孫
世爻	⚋	未	妻財
	⚊	酉	官鬼
	⚋	庚辰	妻財
應爻	⚋	寅	兄弟
	⚊	子	父母

噬嗑《ぜいごう》

第五世

	伏神		干支	六親
		⚊	丙寅	兄弟
		⚋	子	父母
世爻	伏巳 子孫	⚋	戌	妻財
身		⚋	庚辰	妻財
	伏酉 官鬼	⚋	寅	兄弟
應爻		⚊	子	父母

颐《い》

遊魂卦

	伏神		干支	六親
應身		⚊	丙寅	兄弟
		⚋	子	父母
	伏巳 子孫	⚋	戌	妻財
世爻		⚊	辛酉	官鬼
		⚊	亥	父母
		⚋	丑	妻財

蠱《こ》

帰魂卦

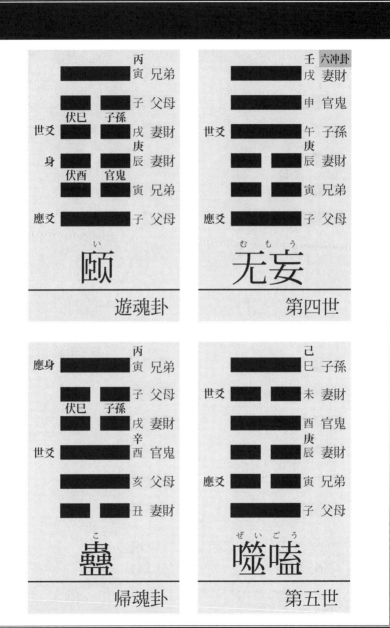

【坎卦】

坎《かん》

首卦

	爻	干支	六親	
世爻	⚋	戊子	兄弟	六冲卦
	⚊	戌	官鬼	
	⚋	申	父母	
應爻	⚋	戊午	妻財	
	⚊	辰	官鬼	
	⚋	寅	子孫	

節《せつ》

第一世

	爻	干支	六親	
身	⚋	戊子	兄弟	六合卦
	⚊	戌	官鬼	
應爻	⚋	申	父母	
	⚋	丁丑	官鬼	
	⚊	卯	子孫	
世爻	⚊	巳	妻財	

屯《ちゅん》

第二世

	爻	干支	六親
	⚋	戊子	兄弟
應爻	⚊	戌	官鬼
	⚋	申	父母
	⚋	庚辰	官鬼
世爻	⚋ (伏午 妻財)	寅	子孫
	⚊	子	兄弟

既済《きせい》

第三世

	爻	干支	六親
應爻	⚋	戊子	兄弟
	⚊	戌	官鬼
	⚋	申	父母
世爻	⚊	己亥	兄弟
	⚋ (伏午 妻財)	丑	官鬼
身	⚊	卯	子孫

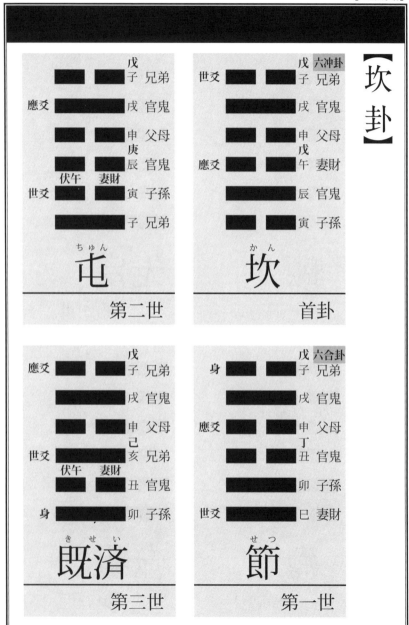

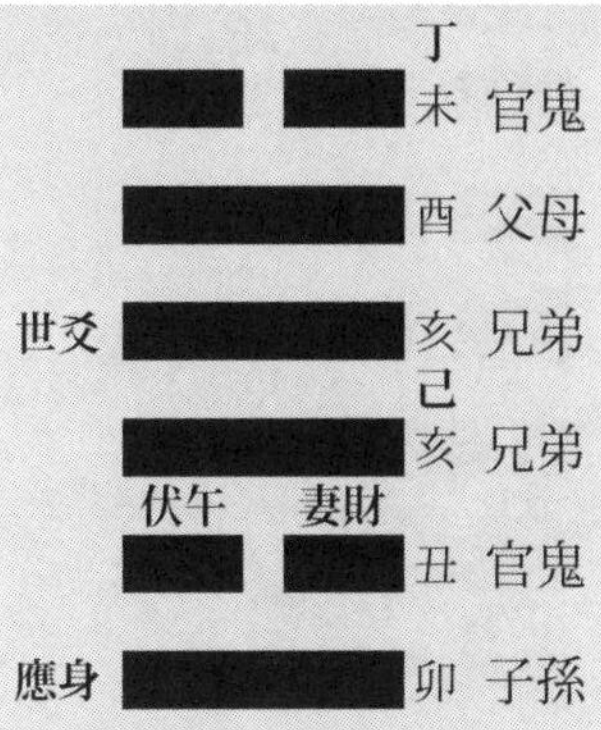

革《かく》

第四世

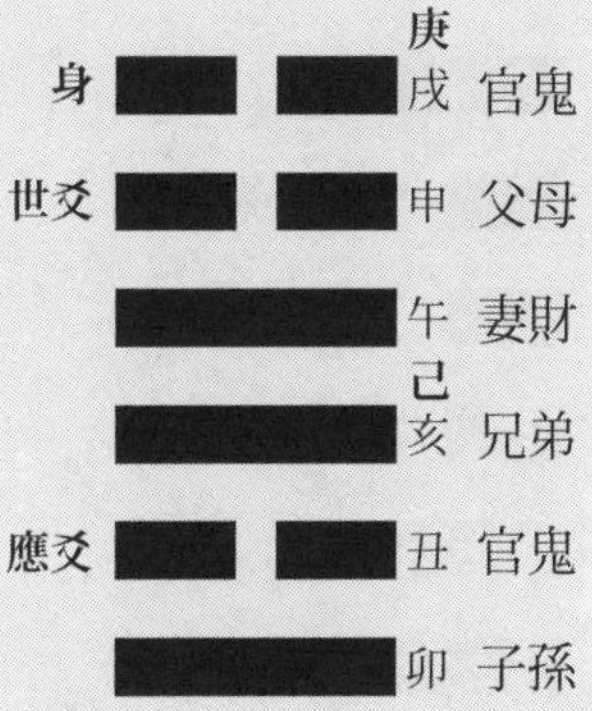

豐《ほう》

第五世

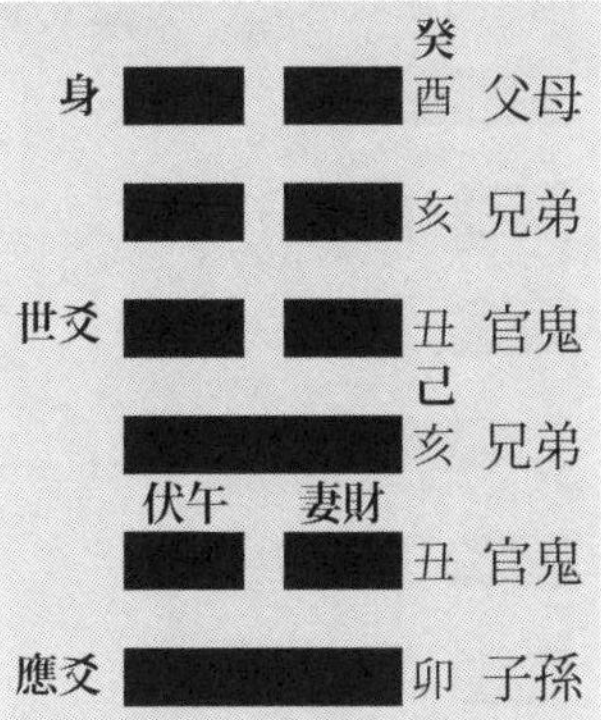

明夷《めいい》

遊魂卦

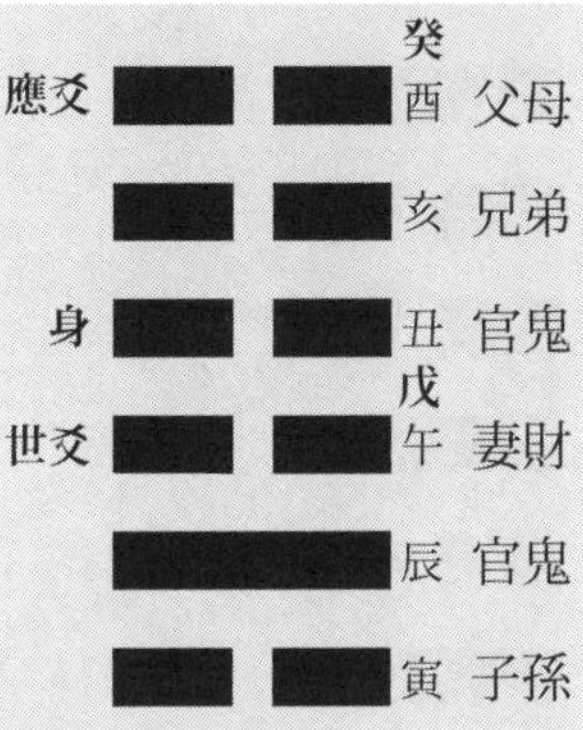

師《し》

帰魂卦

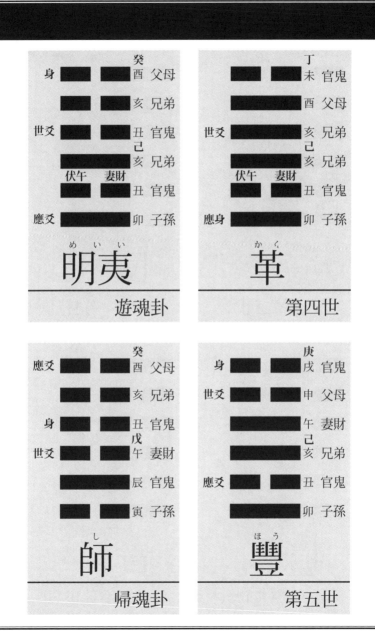

【艮卦】

艮《ごん》

首卦

世応	爻	干支	六親	伏神
			六冲卦	
世爻	⚊	丙寅	官鬼	
	⚋	子	妻財	
	⚋	戌	兄弟	
應爻	⚊	丙申	子孫	
	⚋	午	父母	
	⚋	辰	兄弟	

賁《ひ》

第一世

世応	爻	干支	六親	伏神
			六合卦	
	⚊	丙寅	官鬼	
身	⚋	子	妻財	
應爻	⚋	戌	兄弟	
	⚊	己亥	妻財	
	⚋	丑	兄弟	伏申 子孫
世爻	⚊	卯	官鬼	伏午 父母

大畜《だいちく》

第二世

世応	爻	干支	六親	伏神
	⚊	丙寅	官鬼	
應爻	⚋	子	妻財	
	⚋	戌	兄弟	
	⚊	甲辰	兄弟	
世爻	⚊	寅	官鬼	伏申 子孫
	⚊	子	妻財	伏午 父母

損《そん》

第三世

世応	爻	干支	六親	伏神
應爻	⚊	丙寅	官鬼	
	⚋	子	妻財	
	⚋	戌	兄弟	
世爻	⚋	丁丑	兄弟	
	⚊	卯	官鬼	伏申 子孫
	⚊	巳	父母	

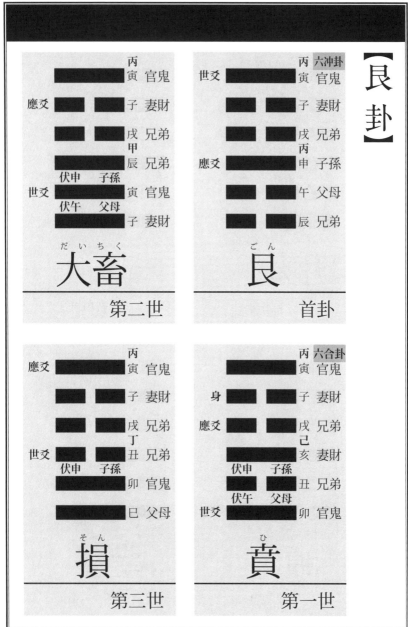

中孚《ちゅうふ》

遊魂卦

世應	爻	納甲	六親	伏神
	⚊	辛卯	官鬼	
	⚊	巳	父母	
世爻	⚋	未	兄弟	伏子 妻財
	⚋	丁丑	兄弟	
	⚊	卯	官鬼	伏申 子孫
應爻	⚊	巳	父母	

睽《けい》

第四世

世應	爻	納甲	六親	伏神
	⚊	己巳	父母	
	⚋	未	兄弟	
世爻	⚊	酉	子孫	伏子 妻財
	⚋	丁丑	兄弟	
身	⚊	卯	官鬼	
應爻	⚊	巳	父母	

漸《ぜん》

帰魂卦

世應	爻	納甲	六親	伏神
應爻	⚊	辛卯	官鬼	
	⚊	巳	父母	
	⚋	未	兄弟	伏子 妻財
世爻	⚊	丙申	子孫	
	⚋	午	父母	
	⚋	辰	兄弟	

履《り》

第五世

世應	爻	納甲	六親	伏神
	⚊	壬戌	兄弟	
世爻	⚊	申	子孫	
	⚊	午	父母	伏子 妻財
	⚋	丁丑	兄弟	
應爻	⚊	卯	官鬼	
	⚊	巳	父母	

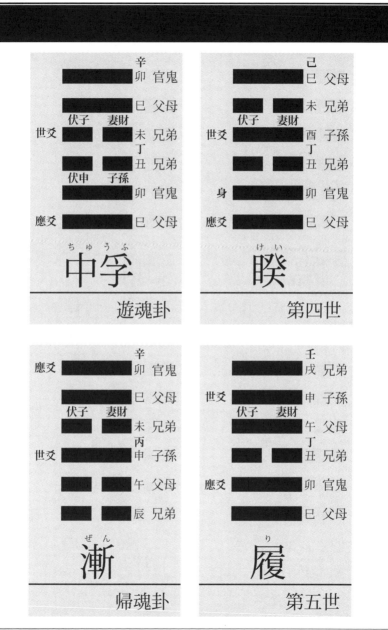

【坤卦】

坤《こん》 首卦

六冲卦

	爻	干	支	六親
世爻	— —	癸	酉	子孫
身	— —		亥	妻財
	— —		丑	兄弟
應爻	— —	乙	卯	官鬼
	— —		巳	父母
	— —		未	兄弟

復《ふく》 第一世

六合卦

	爻	干	支	六親
	— —	癸	酉	子孫
	— —		亥	妻財
應爻	— —		丑	兄弟
	— —	庚	辰	兄弟
	— —		寅	官鬼
世身	—— (伏巳 父母)		子	妻財

臨《りん》 第二世

	爻	干	支	六親
	— —	癸	酉	子孫
應爻	— —		亥	妻財
身	— —		丑	兄弟
身	— —	丁	丑	兄弟
世爻	——		卯	官鬼
	——		巳	父母

泰《たい》 第三世

六合卦

	爻	干	支	六親
應爻	— —	癸	酉	子孫
	— —		亥	妻財
	— —		丑	兄弟
世爻	——	甲	辰	兄弟
身	——		寅	官鬼
	—— (伏巳 父母)		子	妻財

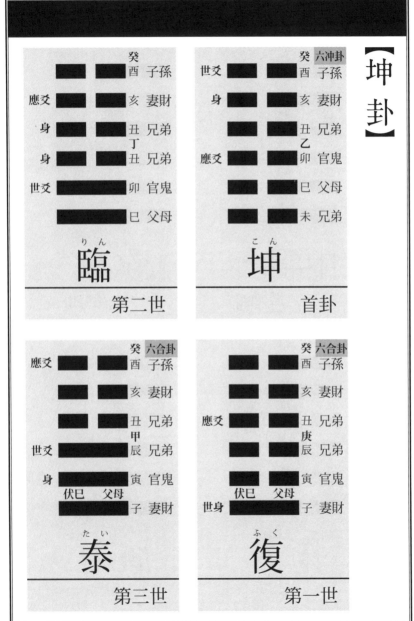

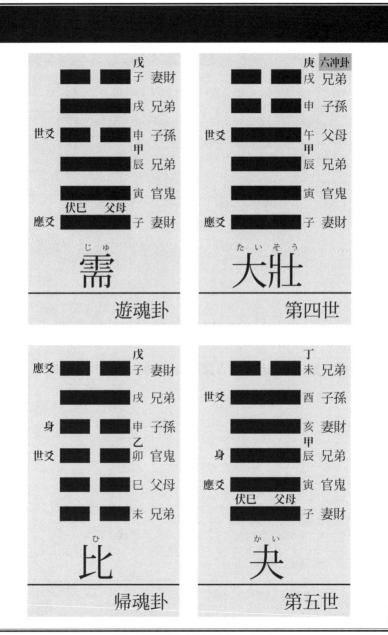

大壮《たいそう》 第四世

庚 六冲卦

	戌	兄弟	
	申	子孫	
世爻	午	父母	
	甲 辰	兄弟	
	寅	官鬼	
應爻	子	妻財	

夬《かい》 第五世

	丁 未	兄弟	
世爻	酉	子孫	
	亥	妻財	
身	甲 辰	兄弟	
應爻	寅	官鬼	
	子	妻財	伏巳 父母

需《じゅ》 遊魂卦

	戊 子	妻財	
	戌	兄弟	
世爻	申	子孫	
	甲 辰	兄弟	
	寅	官鬼	
應爻	子	妻財	伏巳 父母

比《ひ》 帰魂卦

應爻	戊 子	妻財	
	戌	兄弟	
身	申	子孫	
世爻	乙 卯	官鬼	
	巳	父母	
	未	兄弟	

【編者紹介】
玄空學風水研究所（げんくうがくふうすいけんきゅうじょ）
玄空大卦・玄空飛星法、些子水法（量山輔弼課九星水法）・輔星水法・六壬水法・輔弼龍法・六十四卦龍法・門路八宅法・生旺法・玄空地磁学・天機派風水、七星四餘、星度派風水などさまざまな方法を実践を通じ研究し、古典に学びながらも固執することなく、現代風水に活かせるよう検証を重ねている。
風水師：坂内瑞祥（ばんない・ずいしょう　1959年10月生まれ）

〒969-6213　福島県会津美里町勝原字宮東43－1
電話：090-8255-3883　ホームページ：https://www.genkuu.jp/

玄空風水暦　その使い方と開運法　令和六年 2024年版

2023年12月22日　初版発行

編　者――玄空學風水研究所

発行者――今井博揮
発行所――株式会社太玄社
TEL 03-6427-9268　FAX 03-6450-5978
E－mail：info@taigensha.com　HP：https://www.taigensha.com
発売所――株式会社ナチュラルスピリット
〒101-0051　東京都千代田区神田神保町3-2　高橋ビル2階
TEL 03-6450-5938　FAX 03-6450-5978
印刷所――中央精版印刷株式会社

ISBN 978-4-906724-92-5 C0011

2025年1月～12月　七曜表

1月

日	月	火	水	木	金	土
			1	2	3	4
5	6	7	8	9	10	11
12	13	14	15	16	17	18
19	20	21	22	23	24	25
26	27	28	29	30	31	

2月

日	月	火	水	木	金	土
						1
2	3	4	5	6	7	8
9	10	11	12	13	14	15
16	17	18	19	20	21	22
23	24	25	26	27	28	

3月

日	月	火	水	木	金	土
						1
2	3	4	5	6	7	8
9	10	11	12	13	14	15
16	17	18	19	20	21	22
23/30	24/31	25	26	27	28	29

4月

日	月	火	水	木	金	土
		1	2	3	4	5
6	7	8	9	10	11	12
13	14	15	16	17	18	19
20	21	22	23	24	25	26
27	28	29	30			

5月

日	月	火	水	木	金	土
				1	2	3
4	5	6	7	8	9	10
11	12	13	14	15	16	17
18	19	20	21	22	23	24
25	26	27	28	29	30	31

6月

日	月	火	水	木	金	土
1	2	3	4	5	6	7
8	9	10	11	12	13	14
15	16	17	18	19	20	21
22	23	24	25	26	27	28
29	30					

7月

日	月	火	水	木	金	土
		1	2	3	4	5
6	7	8	9	10	11	12
13	14	15	16	17	18	19
20	21	22	23	24	25	26
27	28	29	30	31		

8月

日	月	火	水	木	金	土
					1	2
3	4	5	6	7	8	9
10	11	12	13	14	15	16
17	18	19	20	21	22	23
24/31	25	26	27	28	29	30

9月

日	月	火	水	木	金	土
	1	2	3	4	5	6
7	8	9	10	11	12	13
14	15	16	17	18	19	20
21	22	23	24	25	26	27
28	29	30				

10月

日	月	火	水	木	金	土
			1	2	3	4
5	6	7	8	9	10	11
12	13	14	15	16	17	18
19	20	21	22	23	24	25
26	27	28	29	30	31	

11月

日	月	火	水	木	金	土
						1
2	3	4	5	6	7	8
9	10	11	12	13	14	15
16	17	18	19	20	21	22
23/30	24	25	26	27	28	29

12月

日	月	火	水	木	金	土
	1	2	3	4	5	6
7	8	9	10	11	12	13
14	15	16	17	18	19	20
21	22	23	24	25	26	27
28	29	30	31			